作者与时任国务院研究室主任袁木、沈阳军区司令员刘精松将军合影

2014年国务院研究室老干部茶话会合影

作者和国务院研究室陈元生、陈吉江考察洋浦开发区

作者和爱心万里基金会副理事长奚景敏、秘书长孟凡晶合影

作者和行政管理学会常务副会长兼秘书长高小平等合影

作者同时任江苏省政府秘书长施绍祥、国办老干部局局长郭建文合影

作者在吴江区行政学会张莹会长、孙如松副会长及郑万城秘书长陪同下
考察吴江市政府对外窗口一站式服务

作者在内蒙古考察，与张家口耿建中同志等合影

作者和时任全国政策科学研究会副会长
解思忠、邓光东合影

作者出席河北省衡水中学2015年高考
总结会，向获奖者祝贺

作者考察内蒙古，当地牧民敬献哈达

作者2003年在贵州红军四渡赤水　　　　作者2014年5月在河北平山县西柏坡
　　　纪念塔前留影　　　　　　　　　　毛主席旧居党旗前留影

作者参观张家口野狐岭要塞，听取讲解

作者2002年在新疆喀山留影

作者在北京师范大学学习时期照片

手机是作者夫妇的重要信息工具

作者家人合影

作者在张家口百年老火车站留影

树帜文集续

武树帜 著

中国言实出版社

图书在版编目(CIP)数据

　　树帜文集续 / 武树帜著 . -- 北京：中国言实出版
社 , 2016.7
　　ISBN 978-7-5171-1954-8

　　Ⅰ . ①树… Ⅱ . ①武… Ⅲ . ①社会科学—文集 Ⅳ .
① C53

　　中国版本图书馆 CIP 数据核字 (2016) 第 179875 号

责任编辑：邓见柏
文字编辑：李　琳
封面设计：王立霞

出版发行　　中国言实出版社
　　　　地　　址：北京市朝阳区北苑路 180 号加利大厦 5 号楼 105 室
　　　　邮　　编：100101
　　　　编辑部：北京市海淀区北太平庄路甲 1 号
　　　　邮　　编：100088
　　　　电　　话：64924853（总编室）64924716（发行部）
　　　　网　　址：www.zgyscbs.cn
　　　　E-mail：zgyscbs@263.net

经　　销　新华书店
印　　刷　北京温林源印刷有限公司
版　　次　2016 年 9 月第 1 版　　2016 年 9 月第 1 次印刷
规　　格　710 毫米 ×1000 毫米　1/16　15.25 印张
字　　数　215 千字
定　　价　45.00 元　　ISBN 978-7-5171-1954-8

序 言

　　1955—1959 年我在北京师范大学历史系学习期间，曾代表中国青年应中央人民广播电台的邀请，写过一篇对苏联青年宣传新中国的讲话稿。1959 年毕业留校工作，在世界近代史教研室任教期间，写过长篇时政论文，被有关单位看中，认为我的文笔还可以，于是 1964 年被调入中央国家机关工作，在国务院国家编制委员会任职。1968—1972 年下放到宁夏国务院"五七"干校劳动锻炼。当时，提倡活学活用毛主席著作，经常举行活学活用毛主席著作讲用活动，写过一些毛主席著作心得体会和收获的讲话稿，有的在国务院"五七"干校广播站宣讲，有的作为经验介绍当众宣讲。1972—1981 年我在中国历史博物馆工作，研究中国近代史和中国革命史，在文史刊物发表一些文史类的短篇学术论文，并在国内实地调查研究的基础上，主编了中国近代史教学片。后被任命为群工部副主任，对群众工作部的讲解员进行培训，被保送进北京师范大学学习进修，提高文化科学水平。1981—1986 年，我被调到国务院办公厅调研室工作，任财经组组长、政务专员，其间曾多次参加《政府工作报告》起草工作，写了不少时政论文，在《人民日报》《经济日报》《光明日报》《工人日报》发表，同时还写了一些短论著和小册子。此后，我和几位同志筹备创办《中国行政管理》杂志，在刊物上陆续发表了一些中国行政管理学学习与实践的论文和宣传普及行政管理学知识的小册子。1988 年国务院研究室成立，我被调入国务院研究室任办公室主任，后任国务院研究室党组成员、机关党委书记。

　　在国务院办公厅调研室和国务院研究室工作期间，我经常随领导同志深入基层、深入群众调查研究，写了不少调研报告，通过国务院研究室的《送阅件》和《决策参考》，上报党中央、国务院领导和中央、国务院有关部门参阅，有不少材料受到党中央、国务院领导同志的重视，做出重要批示。在国务院研究室工作期间，我遵照中央领导同志指示精神，曾三次到浙江省温州市考察"温州发展模式"，还多次到江苏省考察"苏南发展模式"。1988—1996年在国务院研究室工作期间，除多次参加《政府工作报告》起草工作，主编多本学习《政府工作报告》的辅导材料和中共中央党的十三大政治报告的学习材料，并陆续在报刊发表一些学习《政府工作报告》和党的十三大文献体会收获的文章。1996年还和袁木同志等编写了《中国改革之路》专著、《中国基础教育论文大典》等，之后又和时任国务院研究室主任桂世镛共同主编了《新时期新观念新问题释义》一书。1996年从国务院研究室退休后，经推荐我担任了中国行政管理学会秘书长、副会长，全国政策科学研究会成立后任会长，换届改选后任全国政策科学研究会名誉会长。

在学会学术团体工作期间，依然秉承在国务院办公厅、国务院研究室的工作精神和工作方法，继续深入基层调查研究，开展实质性的研究工作，写了不少调研报告，向党中央、国务院反映情况，其中有的得到了领导的直接批示。在任全国政策科学研究会会长期间，每年主持召开全国性的年会和一次小型学术研讨会，将一些会议成果上报中央、国务院领导参阅，一些在报刊上发表，宣传党的方针政策和先进地区、部门的工作经验，得到了群众的好评。与此同时，又和其他同志合作，写了几部关于创新发展行政管理方面的专著。

2014年呈献给读者的《树帜文集》只汇集了报刊文章、调研报告、讲话文稿及《送阅件》择编，没有包括其他专著。如今又编写了《树帜文集续》，传承《树帜文集》的内容和品质精神。

武树帜

2016 年 5 月 30 日于北京

目 录

目 录

会议与讲座

报刊文章

目 录

地方调研

水利要为经济社会发展提供有力支撑

——苏州市吴江区水利建设与管理经验的调研

　　苏州市吴江区位于苏浙沪交界处，地处太湖下游，境内地势低洼，湖泊星罗棋布，河网水系发达，是太湖洪水入海的主要通道，历史上洪涝灾害频发，素有"洪水走廊""囤水仓库"之称。农业、渔业在吴江经济中占有重要地位，纺织丝绸业是吴江的传统主导产业，吴江又被称为"鱼米之乡""丝绸之府"。因此，防洪保安任务艰巨、缺水危机严重和水环境治理难度大，构成了吴江水利工作的主要实情。

作者和吴江区行政管理学会会长张莹、副会长孙如松，全国政策科学研究会副秘书长林正澄合影

随着经济社会的又好又快发展，吴江区委、区政府在实践中体会到，在经济发展新常态下，水利不仅是农业的命脉，也是国民经济的命脉，水利要为经济社会发展提供基础支撑。近年来，该区从吴江水利的实情出发，大力推进水利建设与工程管理，充分发挥水利对于区域经济发展以及人民群众安居乐业的基础支撑作用，有力地促进吴江经济社会健康快速发展。吴江先后荣获"国家卫生城市""国家环保模范城市"和"国家生态市"等称号，并多年保持经济综合实力全国县（市区）级前列。

一、吴江水利建设呈现的五大亮点

近年来，吴江坚持将"保民生、促发展"作为水利工作的根本出发点，统筹推进"安全水利、资源水利、环境水利、民生水利、现代水利"建设，为经济转型发展和群众生产生活提供了可靠的水安全保障、充足的水资源支撑和优美的水生态环境。

（一）突出"安全水利"，为经济社会发展提供安全保障

针对地势低洼、洪涝灾害频发的特点，吴江水利始终把防洪排涝保安全作为第一位的工作来抓，不断增强政府、社会、民间各界防洪排涝的意识，加强论证规划，多方筹措资金，加大水利建设投入，建成了较为完备的防洪排涝工程体系，提高防汛抗灾应急能力，使防洪安全得到有效保障。一是流域性防洪工程建设卓有成效。全国通过整体规划、分步实施，坚持多年，先后完成太蒲河综合治理工程、环太湖大堤工程、东太湖综合一期治理工程、杭嘉湖北排通道工程、京杭运河"四改三"段、长湖申线堤防加固加高工程等一大批流域性水利工程。通过这些工程的建设，形成了环太湖防洪控制线，提升了太湖行洪滞洪能力，解决了浙西、浙北、杭嘉湖片区及本地涝水北排大浦河入海问题，铸就了吴江可基本抵御50年一遇太湖流域及区域防洪能力。二是区域性防洪工程建设不断加强。全面完成城镇防洪工程建设，将城区防洪排涝规划提高到可防御特大洪水的标准。实施了较大规模的区域防洪包围建设及水系整治工程，使主城区及各镇防洪排涝得到基本保障。大力推进农村水利工程建设。持续开展较大规模的农村联圩治理工程，实施堤防达标建设管理。初步建成了集防洪、排涝、灌溉、调水、降渍等功能于一体的农村水利工程体系，基本解决了历史上农村低洼圩区、不设防半高田地区的防洪困扰。三是防洪非工程措施全面落实。建成吴江区防汛物资储备管理中心，储存防洪抗灾物资超千万元，并被列入江苏省防汛物资定点储备

仓库，为防洪保安全提供了可靠的物资储备和管理保障。加快防洪抗灾信息化建设，先后建成全区水位雨量自动测报系统、防汛决策指挥系统等功能齐全、覆盖全面的现代化智能化防洪抗灾信息体系，为快速准确地应对各类洪涝灾害提供了可靠的信息化手段。

（二）突出"资源水利"，为经济转型升级提供资源支撑

水是重要的生产资源。作为"鱼米之乡""丝绸之府"，吴江经济又好又快发展需要大量优质水资源，水利在吴江经济转型升级中具有举足轻重的地位。近年来，吴江水利工作服从经济发展的大局，适应经济转型升级需要，为经济转型升级提供了坚实的水资源支撑。一是切实加强农田水利建设管理，支持农村经济转型升级。在全区农业不断拓展农业功能，推动农业产业化经营，大力发展循环农业、低碳农业，实现农业经济转型升级的过程中，吴江充分发挥水利对农业的支撑作用，在基础设施建设、资源供应、水利科技等方面着力推进农业经济转型升级。通过实施和完成第一批中央财政小农水重点县项目建设，年新增供水能力170万立方米，新增节水能力813万立方米，新增高效节水灌溉面积3500亩，灌溉水利用系数提高到0.63以上。以建设高产高效农田为切入点，大力推进现代化、高标准的农田水利设施建设，先后完成了同里、平望、七都、盛泽农业科技示范园区建设，建成高标准农田6万多亩，实现了闸、站、沟、梁、路、林全面配套。在江苏省吴江现代农业示范园推广滴灌技术，不仅实现了农业低碳化生产，而且推进了传统农业向观光农业拓展。二是为工业服务业提供充足的水资源保障。随着工业化、城市化的快速发展，对水资源的需求也大幅增加。该区充分挖掘本地水资源潜力，加强水资源管理、利用，努力满足各业对水资源的需求。多年来，通过加强水功能区的建设和保护，全区水功能区水质达标率从13%上升到66.2%，有效破解了缺水难题，为工业服务业发展提供了足够的水资源。三是加强用水管理，提高用水效率。严格实行计划用水，每年初向用水企业下达用水指标，对用水大户安装了取水远程监控系统，坚持开展取水专项整治行动。全区对建设项目实行取水许可和水资源论证制度，科学论证取水规模，使计划用水率一直保持在100%。全面开展节水型社会建设，大力推广节水技术改造和中水回用等技术，近年来共建成节水型学校21家、节水型企业20家。

（三）突出"环境水利"，为生态吴江夯实基础

吴江水系发达，湖泊众多，水域面积占全区总面积的29.8%，水生态建设成为吴江生态文明建设最重要的内容。近年来，吴江逐步将水利工作重心转移到水

土保持和水生态保护上来，不断提高水环境承载能力，为建设生态吴江夯实基础。一是全面完成东太湖综合整治一期工程。投入资金20.5亿元，通过退垦还湖、退渔还湖、行洪通道疏浚、生态清淤、生态修复等措施，有效地提升东太湖水质，改善环境面貌。目前东太湖沿线已经成为吴江乃至苏州的自然生态亮点、居民休闲旅游热点和全国现代服务业投资聚焦点。二是全面开展湖泊群治理。坚持规划引领，对列入省保护名录的55个湖泊进行全面调查，为每个湖定制一张信息翔实的"身份证"，在此基础上编制全区湖泊整治总体规划和镇区湖泊专项规划，从2013年起，每个镇（区）选择1—2个湖泊进行集中治理，使这些湖泊水质得到提升，生态得到恢复，环境得到保护。三是全面推进河道系统整治。全区拥有各类河道2600多条，河道水环境保护压力较大。近年来，吴江抓住全国中小河流治理的有利契机，以中小河流重点项目为抓手，开展了四轮大规模河道轮浚，共计疏浚整治河道2372条，建成了一批高标准、生态化河道，生态环境成效已经初步显现。今年吴江开始实施"畅流活水"工程，调动区、镇两个层面的积极性，通过水系沟通、河道疏浚、岸坡整治、拆坝建桥等多种措施，用3—5年时间，提高圩内外水系沟通，恢复河道水系循环，增强骨干水系引排能力，全面提高圩没河道水质，真正实现吴江水"活、清、净、美"。四是不断完善河道长效保洁管理。区级财政专门配套河道保洁资金，组建专业保洁队伍，购置完善的保洁船只器材等硬件设施，全面实行河道长效保洁市场化运作。定期组织保洁检查考核，确保河道长效保洁效果，有效巩固了河道疏浚整治的成果。

（四）突出"民生水利"，为乐居吴江创造良好条件

近年来，吴江坚持水利以人为本、民生优先，着力解决群众最关心、最直接、最现实的水利问题，把为民、惠民作为水利工作的出发点，使水利建设真正为民生服务，为现代化农业服务，为优良生态环境服务，为城镇化建设服务。通过实施防洪抗灾、农田水利改造、水系生态保护等一系列水利工程，有效解决直接关系人民群众生命安全、生活保障、生产发展、人居环境、合法权益等方面的水利问题，使吴江水利服务民生、保障民生、造福民生、润泽民生，让人民群众共享水利发展成果。一是加强水源地建设保护。实现农村饮用水达标，让城乡居民喝上安全卫生的太湖水。在实现城乡供水一体化的基础上，吴江切实加强水源地保护，开展水源地达标建设，实行最严格的水资源管理制度。通过实施东太湖水源地生态清淤工程，持续开展水草打捞清理工作，严格实行入河排污口前置审批，使水源地水质始终保持在Ⅱ类以上，并持续向好。建成东太湖应急备用水源

地，蓄水区内水面积367万平方米，蓄水量752万立方米，如遇突发水污染事件，可满足全区14天生产生活应急供水。建设地下应急水源，全区建成地下应急供水深井19眼，日取水量可达2.5万立方米，为供水安全提供了多元化保障。建立水功能区水质达标评价体系，建成水源地智能监测系统，每日监测预报水质。成立水源地管理中心，统一组织实施水源地日常运营管理及突发事件管理，实现了水源地规范化、专业化管理。二是结合水生态保护，为群众创造亲水乐水的美好空间。随着群众生活水平的不断提高，居民休闲娱乐、回归大自然等高层次需求也日益增加。吴江是水乡，居民亲水乐水，希望与水亲密接触。吴江把河道湖泊治理与美丽镇村建设有机结合起来，与绿化提升、湿地建设有机结合起来，让吴江呈现"水清、河畅、岸绿、景美"的水乡新风貌。同时，适度选择靠近城镇，条件具备的湖泊建造湿地公园，打造居民近水、乐水、戏水的平台。目前已经建成东太湖公园、同里国家湿地公园、盛泽潜龙渠城市公园等多个湿地公园，为居民提供了良好的工作生活环境和休闲娱乐场所。

（五）突出"现代水利"，为创新管理注入强劲动力

水利事业要与时俱进，满足社会经济发展的需要，为群众提供全面优质的服务，就必须提高科技含量，实现现代化管理。近年来，吴江加快水利管理体系改革，不断优化基层站所硬件设施，以创新的思维、科学的态度加强水利管理，有力地推动了水利事业健康快速发展。一是加快水利信息化、智能化建设。先后建成了水位雨量实时监测系统、防汛指挥决策支持系统、水利电子地理信息化管理系统、地下水动态监测系统、取水远程实时监测系统、水资源信息化管理系统（一期）工程、水利电子政务综合办公平台，以及6个镇（区）的水利工程信息化管理系统。同时，在此基础上对已有信息化系统资源进行统一整合，完成了吴江水利信息化综合管理一体化平台建设，初步形成了"一个门户、一张地图、一个平台、一个中心、一个网络、一套保障机制"的水利信息化、智能化统一管理体系。通过这个体系，可以实现水位雨量远程实时监测，防汛在线视频会商决策，地下水位变化监测，取水远程监测，水利规划设计，河道湖泊情况分析、各类闸站工程的监控及远程调度，有效提高了水利决策的科学性，提高了水利管理效率。二是强化和健全基层水利服务体系。2012年，全区就完成水利站体系制改革，明确各水利站为公益性全额拨款事业单位，在编人员和编办人员经费全额纳入区级财政预算。招聘补充专业技术人员，与有关专业高校合作开办培训班，加强对基层管理和技术服务人员的教育培训，大幅度提升基层水利队伍的知识水

平和业务能力。调整基层站所领导班子，优化年龄、专业和学历结构，做好后备干部的考察与培养，形成了一支适应现代水利管理、具有较强专业知识和领导能力的基层水利管理队伍。

二、持续推进水利建设亟须全面实现六个转变

尽管近年来吴江水利事业得到长足发展，但是随着经济社会快速发展，城市化步伐加快，人口快速增加，人民群众对防洪安全、水生态环境要求越来越高，水利发展相对仍显滞后，还存在一些薄弱环节和问题。主要是水利投入与经济发展水平不匹配，城镇排涝标准较低，水系破坏较为严重，水行政执法难度大，水利工程管理不够完善。在经济社会发展的新常态下，吴江要实现又好又快发展，就必须高度重视水利建设，在继续强化防洪能力建设的基础上，推动水利工作重心向水生态文明建设转移，推进依法治水，强化水利管理，完善水利服务，努力推动吴江水利事业转型升级、提质增效。近期亟须全面实现六个转变：

（一）推进单纯农田水利建设向水利、水务与生态建设有机结合的大水利转变。传统水利以农田水利和防洪排涝建设为主。经过多年建设，目前吴江已建成较为完备的农田水利基础设施和防洪排涝工程体系，基本解决了保障农业生产和防洪安全问题。在经济社会快速转型升级的新常态，以及加强生态文明建设的大背景下，吴江水利要加快改革发展，工作重心要尽快向水资源可持续利用和水生态建设方向转移，实现水与经济社会可持续发展的良性互动，为未来发展开拓更大的资源环境空间。吴江是缺水地区，要把节水放在优先位置考虑，制定和落实严格的水资源管理制度，加强水生态保护和修复，提高水体自净能力，实现水生态环境良性循环。随着水利建设内容不断拓展，要逐步形成集防洪保安全、农田灌溉排涝、生态环境改善、供水安全保障和水生态景观建设等功能于一体的"大水利"发展格局。

（二）推进传统机电排灌、水文测量向水利智能化、现代化转变。传统水利工程管理中，机电灌排设备运行、水文测量等工作都需要人工实地操作，工作量大，效率低。要在现有水利信息化、智能化统一管理体系的基础上，进一步加强水闸泵站自动化监控系统、堤防视频管理系统、水资源综合管理系统建设，推进水雨情监测系统、防汛异地会商视频会议系统升级改造，实施水利骨干网络及信息安全系统建设，将更多职能纳入网络化管理范围。强化水文气象和水利科技支撑，以水利信息化带动水利现代化。

（三）推进小型农田水利设施由经营性向公益性转变。小型农田水利工程在农业生产中处于重要地位，对确保粮食安全起着重要作用，就其性质而言，应该是属于公益性基础设施。要坚持明确基层水管单位的公益性质，由财政保障运行经费，实行统一管理。要转变小型农田水利设施主要依靠农民投资建设的做法，逐步把其纳入各级政府基本建设投资的范围。要切实解决小型农田水利设施重建轻管的问题，加强对小型农田水利设施的管理，明确落实管理责任，实现统一管理。要落实管护资金，解决维修保养的资金需求。

（四）推进水利投入由县（区）为主向多级均衡投入转变。长期以来，水利建设投入主要由县（区）级政府承担。近年来水利工程建设的成本不断攀升，对县（区）财政形成了很大的压力。要改变原先那种水利建设就是防洪排涝、农田灌溉的狭隘观念，认识到加快水利建设不仅事关农业农村发展，而且事关经济社会发展全局。要建立和完善水利投入稳定增长机制，发挥政府在水利建设中的主导作用，将水利作为公共财政投入的重要领域。要结合财政体制改革，在中央逐年加大投入的同时，建议加大省、市级财政对流域性、区域性等水利建设工程的投入比例，并加强对水利建设的金融支持，广泛吸引社会资金投资水利，形成水利建设向多级均衡投入转变的新局面。

（五）推进水利工程管理由多头负责向统一管理转变。要进一步确立大水利观念，不断创新水利发展体制机制，理顺水利、市政、环保等诸多水交叉管理部门的关系，建立统一管理城乡水资源保护、生产、使用诸环节的模式，坚持科学治水，推进依法治水，解决水资源管理中职能交叉、权责不清等问题。要完善与社会主义市场经济体制相配套、与公共财政政策相适应的水利工程管理体制，做到产权清晰，管理主体明确，权利与义务对等，使水利工程发挥更好的功效。

（六）推进水利事业由重农轻城向城乡均衡发展转变。过去县域经济以农业为主，水利建设也相应以农田水利建设为主要任务。随着经济社会快速发展，城镇化步伐加快，要逐步改变水利事业重农轻城的倾向，做到城乡统筹兼顾，协调发展。要进一步优化城镇水利排涝规划，强化城镇和工业区防洪排涝工程建设，协调城市道路、住宅、商区、绿化等基础设施建设，提高城镇排涝标准，开展城乡水环境治理，为营造良好的人居环境、增强城市集聚能力提供基础保障。

（与张莹、郑万城、张勇勤、刘斌、商军共同撰写）

2015 年 7 月

浙江禾兴现代农业装备公司
将农作物秸秆变废为宝的经验和启示

近年来，农作物秸秆成为农村污染的新源头。每年夏收和秋冬之际，总有大量的小麦、水稻、棉花、油菜、玉米等秸秆在田间焚烧，产生大量浓重的烟雾，不仅成为农村环保的瓶颈，甚至成为城市雾霾的重要成因。据有关部门统计，我国作为农业大国，每年产生 7 亿多吨秸秆，成为用处不大但必须处理的废弃物。解决秸秆处理问题，提高农作物秸秆综合开发利用效率成为利国利民、造福子孙后代的有益事业，具有一定现实意义。

浙江禾兴现代农业装备有限公司致力于现代化智能农机研制，提供农田智能化管理和农作物秸秆收割、压缩、运输、饲料加工等综合服务，可大大减少或避免秸秆燃烧污染环境的弊端，而且废物利用，可变废为宝，提高农业生产效率。在东北和新疆生产建设兵团及京津冀周边地区使用，都取得了很好的实效。

一、农作物秸秆综合开发利用，有利于促进畜牧业发展。农作物秸秆经过现代化智能农机加工和压缩高温作用，加工为植物纤维生态压缩饲料，变得松软清香适口，畜类喜食，使农作物秸秆饲用消化率由原来的 35% 提高到 65%—79% 之间，并提高了营养成分，提高了牲畜采食率，比直接饲喂的采食率提高了一倍，有力地提高了畜牧饲养效益。

二、农作物秸秆综合开发利用，有利于保护环境。据统计，我国每年产生 7 亿吨秸秆，如白白燃烧掉，导致雾霾，污染环境，损害人民群众健康，后果不堪设想。而通过使用现代化智能农机和加强农田智能管理，综合开发利用农作物秸秆，改变秸秆燃烧，避免污染空气，减少城乡地区出现雾霾的天数，改善空气质量，改善农村环境和提高生活质量，有利于人民身体健康。

三、农作物秸秆综合开发利用，有利于农业增产、农民增收。加工处理后的秸秆，经牛羊畜类食用，变为有机肥料，过腹还田，改善土壤有机质，不仅为农民节省开支，也改善农作物品质，使农业走向良性循环、健康发展的道路。据初步计算，每亩 0.5 吨农作物秸秆，可增收节支 150 元。

浙江禾兴装备有限公司注意实践，因地制宜，解放思想，敢为人先，率领团队不断进取，创新发展，综合开发利用秸秆，既造福社会，得到社会的认可和肯定，也促进自身发展，其有益经验，值得借鉴。建议有关部门给予重视和支持，教育企业发展生产要增强全局意识、为群众服务意识、绿色环保意识、创新发展意识，增强法制观念，依法行事，帮助小微企业走上为人民谋利益的健康发展道路。同时也希望禾兴公司不断加强自身建设，提升文明素质，与时俱进，不断开创农作物秸秆开发利用、变废为宝的新局面，为发展农业生产，提高农民收入，促进社会和谐稳定，促进经济稳中求进、持续发展，为我国社会主义现代化做出新的更大的贡献，实现伟大复兴的美丽中国梦。

（与张卫功、任志明共同撰写）

2015 年 5 月

创新发展民政事业

1978 年 3 月 5 日，中华人民共和国民政部正式成立，主管全国民政工作。民政工作紧紧围绕保障和改善民生，加强和创新社会管理，保证人民群众共享改革发展成果，服务党和国家工作大局，促进经济平稳较快发展和社会和谐稳定，为全面构建小康社会，实现中国特色社会主义现代化做出应有贡献。

地方上的民政工作机构，主要是省设民政厅，县设民政科，有的地方称科级民政局。

1950 年，第一次全国民政会议在北京召开，会议对民政工作范围进行了讨论，确定地方政权建设、优抚、救灾等为民政工作重点。

1959 年，召开第五次全国民政工作会议，确定民政部门的主要业务是优抚、复员安置、救灾、社会救济、社会福利工作。

1961 年，根据时任国务院副总理习仲勋同志的指示，恢复了民政司，并将婚姻登记、土地征用和殡葬改革工作划归民政司管理。

1978 年，国务院决定县、社选举的具体事务由民政部门负责。

1982 年，时任国务院副总理万里同志主持召开会议，确定对社会上无依无靠、无家可归、生活无来源的人员，由民政部门管理。

1982 年，中央政法委在北京召开全国政法工作会议，确认：民政部门的主要任务是促进社会安定，除了抓好救灾救济、优抚安置、收容遣送等工作外，要把加强基层政权建设，特别是农村基层政权建设列为重要任务之一。

1998 年，中编委批准，将全国抗灾救灾综合办公室设在民政部。

1999 年，国务院批准成立老龄工作委员会，其办公室设在民政部，在历次国务院机构改革中，民政部始终是保留单位，其基本职能一直没有改变。"上为中央分忧，下为百姓解愁"的宗旨没有改变，社会稳定机制的作用没有改变，发展社会主义民主，维护社会主义法制，改善优抚救济对象的生活，促进国防建设、移风易俗，建立新型的社会主义人际关系的功能没有改变；特别是发展社会主义市场经济的过程中，民政部通过对社会收入的再分配，在帮助社会弱势群体

作者于2015年5月参加上海徐汇区民政系统座谈会

解决生活困难、化解社会矛盾方面，发挥了越来越重要的作用。

2015 年 5 月，我同全国政策科学研究会副秘书长林正澄，走访了上海徐汇区民政局，同那里的同志在民政局会议室召开座谈会，进行面对面调研。我们了解和学习该区民政局的工作情况及其创新发展民政事业的经验，使我们对我国民政工作有了进一步的认知，开拓了眼界。

调研会结束后午休时，我们在会议室和上海徐汇区民政局的同志共进午餐，一人一个饭盒，非常简朴，符合中央勤俭节约的精神。然而，此次调研，不虚此行，颇有收获。

2015 年 5 月

贯彻国家"一带一路"发展战略，
建设梧桐滨湖生态新城区

　　湖北省鄂州市梧桐湖新城区认真贯彻国家"一带一路"发展战略，重视生态文明建设、开拓创新绘蓝图。新区大地发生了巨大变化，200 万平方米的建筑、7 座现代化桥梁拔地而起，发展进入了历史新的阶段。

　　规划编制国内一流。新区积极借鉴国内外生态城建设发展经验，牢牢把握国家"一带一路"的发展战略，依托梁子湖得天独厚的资源，把建设武汉城市圈核心展示区、滨湖生态文明城作为梧桐湖新区发展的总体目标。先后编制了《新区总体规划》《景观体系规划》《市政专项规划》《旅游专项规划》，形成了"以总体规划为指导，专项规划为支撑，项目规划为基础"的规划框架，支持和保护新区绿色工农业经济社会发展。

　　资金投入不断增长、基础设施加速推进。资金投入是新区项目建设的根本保障。自 2009 年鄂州市政府与省有关部门签订《梧桐湖新区开发建设合作协议》，建设资金投入成倍增长，2014 年完成投资 80 亿元，2015 年完成投资 100 亿元。建成凤凰大道、月山湖大道、梧桐湖大道等主次干道 60 公里，2014 年武汉 909 公交车开进凤凰苑社区，实现与武汉凤莲大道无缝对接。凤凰大道两侧 50 米绿化带同步施工，成功造出"绿树成荫、四季常青、花期常在"的城市立体森林景观。

　　招商引资，建设生态文明新市区。按照"绿色、高端"的产业定位，创新发展湖泊旅游、文化科学、高新技术、生态农业四大主导产业，利用外资开展全方位项目建设。2013 年与以色列 FEDI 公司签订《梧桐滨湖生态文明示范区合作框架协议》，2014 年签署《鄂以共建"以色列现代农业产业园"协议书》《鄂以共建"梧桐滨湖以色列风情园"协议书》。2014 年深圳等 5 家高端电子装备制造产业链龙头企业，以及中国中小企业国际合作协会激光产业分会签约落户东湖高新科技创意城，开创了湖北省首次全国范围内整体产业链成功招商的先河。2015年湖北省梧桐湖新区大垅村民委员会与鄂州市舒安农业发展有限公司签署长春菇研发生产合同。2013年以来，启动建设项目62个，计划投入资金130亿元，项目建设进入高潮，碧桂园假日半岛商业街已正式对外开放，华师附属梧桐湖学校正式开学。

关注民生改善，共享城区发展成果。新区建设首先是把农民安置放在突出位置，始终坚持"先建后拆，逐步安置"。目前，凤凰苑一期、二期建成入住，安置被征地农民616户；完善的基础设施，优美的居住环境，便捷的公共服务将让新区群众过上幸福的"城市生活"。同时组建物业管理，1006名被征地农民就业问题得到解决。其次，把解决被征地农民社会保障问题作为头等大事，率先启动被征地农民养老保险工作，年满60周岁以上的农民，新区按每人每月240元的标准发给个人。建立文化活动中心，成立戏曲协会、舞蹈协会等社会组织，丰富群众业余文化精神生活。完善"公司＋农户"就业保障机制，扩大就业面。探索研究土地补偿金保值增值、养老保险提标等路径，确保新区群众民生保障总体水平只升不降。

党中央、国务院高度重视生态文明建设，提出"一带一路"发展战略，最近又提出实施长江经济带重大发展战略，建议把建设梧桐滨湖新城区纳入规划，加大扶持力度，出台政策措施，推动梧桐滨湖生态新城区快速发展。现提出如下建议：

一是将滨湖生态新城区建设列为国家项目。近年来，我国内湖生态恶化造成水污染加剧，湖水质量下降既危害人民身体健康，也影响国家的大好山河。滨湖新城区的建设纳入《长江经济带发展规划纲要》，减少污水对内湖的排放，从源头上治理水污染。

二是实施碧水工程作为滨湖生态新城建设的重要措施。完善高山湖水的综合整治、扩容月山湖、七星河疏浚、改造广家洲大堤，形成港连湖、湖连河、河连江的水流生态景观，提高新城区水系蓄水防洪能力，确保滨湖水质安全。

三是实施蓝天工程，确保天然生态。禁止滨湖新区及周边居民焚烧秸秆、树叶、枯草和垃圾。严格控制滨湖新区主次干道车辆的扬尘污染，改善空气质量，防止出现雾霾，防止雨水污染后流入湖泊。

四是研究制定生态环境保护方针政策。生态环境保护离不开科技、专业人才的智力支撑。依托国家水特产科研项目和水特产科研基地，使其研发出的水特产新品种不断投放鱼池、江河、湖泊，保护长江水道环境生态，促进经济社会平稳较快发展。"一带一路"共建繁荣，为全面建成小康社会，加快推进社会主义现代化做出新的更大的贡献。

（与王华共同撰写）

2015 年 5 月

上海市徐汇区构建信息化管理平台
推动社区教育发展

　　社区教育信息化建设对于转变社区教育思想和观念、提高社区教育质量和效益具有重要意义。充分应用信息化手段，不仅是改革传统社区教育模式的有效途径，也是提高国民素质的重要措施。作为教育部确定的第二批"全国社区教育试验区"，上海市徐汇区利用本区教育基础较好、教育资源丰富的优势，把构建信息化管理平台作为抓手，有力推动了社区教育的发展。

一、主要做法和成效

　　1. 建立了社区教育资源共享平台。资源共享平台覆盖了 13 个街道（镇）、78 所各类社区学校、323 个活动开放场地，发布了 14 大类、34 小类、123 门课程信息。近两年，借助资源共享平台，组织了社区居民喜闻乐见的讲座 256 次、"迎世博"学习型主题活动 13 次、"社会主义荣辱观"学习研讨会 165 次，基本形成了月月有活动的格局。

　　2. 开通了社区教育网站。网站共分 13 个板块，能够实现 10 个互动功能，每天新增 60 多条信息。社区居民只需在家登录社区教育网，就可随时了解身边社区教育的各种信息；社区教育管理部门通过登录网站能够及时掌握本区各个街道社区教育的进展情况。

　　3. 探索社区教育的网络托管模式。在建立社区教育网站的同时，积极拓展在普教系统应用较为成功的网络托管模式的内涵，进一步适应社区教育信息化发展的需求。

　　4. 初步实施了社区教育结业考评管理办法。结合成人教育和非学历教育模式，在社区教育网上颁布了激励性结业考评管理办法，充分调动各年龄段居民的参与热情。到目前为止，徐汇各社区学校共计向合格学员颁发了 132 人次的社区教育课程网上结业证书，受到居民普遍欢迎。

　　5. 社区教育志愿者队伍迅速壮大，居民参与度明显提高。平台搭建短短三个月，徐汇区社区教育志愿者就从最初的 340 人增加到 3895 人，社区教育对象也从原来的老年群体发展成为老中青各个群体年龄段，社区教育总参与人数达到 30 万人次以上，逐步实现了"覆盖区域、涵盖一生"的发展目标。

通过构建信息化管理平台，徐汇区社区教育在教育对象大众化、教育收费低廉化、教学内容实效化、教学目标人性化、学习时限终身化等方面都取得了显著成效。

二、徐汇区构建社区教育信息化管理平台的实践具有一定借鉴意义

1. 有利于社区教育管理部门及时掌握全国社区教育情况。全国现有 61 个社区教育实验区，在促进我国社区教育发展方面发挥着以点带面的示范作用。构建社区教育信息化管理平台，可以实现每个社区教育试验区的全程把控和数据的科学采集、精确记录、时时更新、完整分析、报表生成等，真正做到社区教育工作办公无纸化，切实提高社区教育工作管理水平和效率。

2. 有利于培养社区教育志愿者队伍和丰富社区教育对象。构建社区教育信息化管理平台，一方面方便了社区教育管理部门对社区教育志愿者的智能化管理和调配，一方面满足了居民自主选择的要求，实现志愿者与居民的良性互动，同时也提供了一条有利于扩大社区教育受益人群范围的信息高速公路。

3. 有利于挖掘并满足群众对社区教育的需求。充分利用社区教育信息化管理平台，在兼顾社区教育发展区域特色的同时，可以有效跨越区域经济发展不平衡的门槛，对区域资源和数据进行归类、挖掘、整合；在不增加投入的情况下，可以根据不同区域社区教育发展层次、发展梯度需求，利用专业公司的托管模式，设计不同的系统功能板块；可以根据社区居民需求，实现本地社区教育功能的多次开发，挖掘适合自身社区教育的新内容。

总之，社区教育是一项长期的系统工程，各地应从实际出发，寻找本地社区教育发展的突破口。建议有关部门对构建社区教育信息化管理平台的实践给予关注，通过充分调研，选择具备条件的地区进行试点并予以完善，待成熟后全面应用于我国社区教育工作，切实推动社区教育健康发展。

2015 年 5 月

校园网络托管对政务信息化建设的启示

上海市徐汇区实施校园网络托管，切实促进教育信息化的发展。2003 年始，徐汇区教育局利用已有的网络基础，整合资源，授权协赢网络信息技术有限公司参与建设、运营和管理，以托管的方式对校园网络的设备和线路进行维护，对应用软件平台进行定向开发，并对教育信息的统计、分析和决策进行规范，加快了教育信息化发展。

"校园网络托管"极大地提高了校园网络的实际利用率。托管公司提供的设备技术确保了校园网络的正常运行，师生对网络应用软件的满意度从 60% 提高至 93%。

为政府发展教育节约了大量资金投入。据统计，实行校园网络托管后，仅节约人力成本和减少硬件投入，一年累计就可为徐汇区教育局节约资金 242 万元。托管公司为教育提供"零成本"的应用软件定向开发服务，每年可为徐汇区教育局节约资金 300 万元。

为政府对教育的宏观调控提供了有力支持。徐汇区教育局在 2004 年完成全区 102 所各类学校"校园网络一卡通"工程，全区内教育职能部门实现网上政务公开，网上办公率由 37% 提高到 78%，极大地推进教育的可持续发展。

"校园网络托管"模式在市场化中"双赢"的经验表明，政府信息系统建设，并不一定全靠政府投资。应当改变电子政务工程投资多、风险大、见效慢的旧有观念和做法。政府与企业建立战略性的合作伙伴关系潜力很大，政府通过合理方式授权企业参与筹资、建设、运营和管理，既可减轻政府部门的投资压力，确保维持政府网站运行的资金来源，又可使企业通过产品开发、技术咨询与服务、数据的商业再开发而获得利润，完全有可能做到"双赢"。

2014 年 5 月

送 阅 件

创新发展　培育英才

——河北衡水中学以德为先办学经验和启示

河北衡水中学始建于 1951 年，现有教职工 500 余人，学生近 5000 人。学校在中国特色社会主义理论指导下，大力培育和践行社会主义核心价值观，认真贯彻党的方针政策，教书育人，为人师表，创新发展，从一所落后地区基础较差的中学跃升为成绩骄人的示范性高中，十几年来蝉联河北省第一名，先后荣获 60 余项国家级荣誉称号，每年考入清华北大的学生达一百多人，作为"全国基础教育的一面旗帜"入选"中国十大名牌中学"。其德育为先、科学管理、以素质教育提升各项成绩等办学经验，富有启示，值得借鉴。

一、德育为先，百年树人

衡水中学始终贯彻"德育为首"的方针，注重修身立德，增强革命传统教育，努力为学生成长营造一个健康、淳朴、积极向上的环境，将校园打造成一个不受社会不良风气影响的"精神特区"。以道德力量和精神追求，激发师生的潜能与活力，促进各项工作跨越式发展。

1. 育才先育德

学校遵循"以终生难忘的教育培养和谐的人"的理念，以师德建设铺路，大力培养学生的高远目标意识、竞争合作意识、社会责任感、坚强的意志和良好的行为习惯，以高尚情操引领激发学生的创造潜能。在德育工作中，践行"重过程、抓细节、强体验"的原则，实施"人格引领、文化渗透、自主教育、活动体验、家校携手"五大举措，努力实现"和谐的人际关系、温馨的人文环境、奋发向上的精神风貌、充满激情的积极学习状态"四个目标。

学校开展丰富多彩的德育活动。为磨炼学生的意志品格，除军训外，学校每年组织学生进行一次被称为"砥砺意志长征"的"八十华里远足"活动。为强化学生的人格养成，学校每年举办有当地领导和学生家长参加的盛大庄重的"十八岁成人宣誓仪式"。即便是每日课间操，也打造成为"斯巴达方阵"式整齐振奋、激情澎湃的集体励志体验。通过这些创新的德育实践，将"天将降大任于斯人"的担当意识和"动心忍性"的德行要求默化于学生内心，充实着德育内涵，净化着育人氛围，开创了德育工作新局面。

2. 树人先树心

衡水中学遵循"每位学生都是一个宏大世界"的心育理念，不断创新学生心理健康教育体系，建立并完善"心理健康教育领导机制""心理健康知识普及机制""心理健康预警机制"等一系列心理健康教育机制，扎实开展系列特色心育活动，对学生健康成长起到了良好的导向和保障作用。

学校以"衡中三问"（我来衡中干什么？我要做什么样的人？我今天做得怎么样？）唤醒新生的学习内驱力。在校园文化建设中，重视点燃心灵激情，悉心养护"精气神"，不断以积极、健康、向上的精神激励鼓舞全校师生。学校为学生提供"每日心灵配餐"，班主任通过每天召开小班会，进行心理引导，补给心灵营养，缓解考试压力，提升乐观士气。

3. 强人先强身

该校积极深化体育教学改革，全面开展阳光体育运动。通过健全组织、强化领导，改善设施、完善制度，提升素质、培训队伍，开全课程、深化改革，狠抓特长、凸显特色，创新方法、强力推进等一系列举措，全面提高学生体质体能。多年来，该校学生频频在全国性的健美操、乒乓球、排球、篮球、田径等大赛中获奖。仅 2014 年，就有 39 名体育特长生被北京体育大学等高校录取。学校提出体育的目标是，让每一名从衡水中学走出的学生都能够像 20 世纪 50 年代清华大学首倡的那样，"为祖国健康工作 50 年"！

4. 素质育新人

衡水中学坚持以学生发展为本的德育理念，从科技创新大赛到特长生培养，从奥赛活动到社团园地，使素质教育的理念不断扎根于"精神特区"的沃土，学生综合素质得到全面提高，学校社会教育结出累累硕果，"升学率""获奖率"等各项办学指标也随之自然地、显著地提升。2005 年以来，有 500 余名学生在全国青少年科技创新大赛等各级各类赛事中获奖，411 名学生夺得全国学科奥赛省区一等奖，在舞蹈、民族器乐、朗诵等全国大赛中也是屡获殊荣。仅 2014 年，就有 104 名学生被清华大学（62 人）和北京大学（42 人）录取，16 名学生被香港大学等录取，52 名同学被美国哈佛大学等国外知名高校录取。同时，该校的艺术特长生也有 78 名被全国重点高校录取，其中 51 名美术特长生被中央美院等

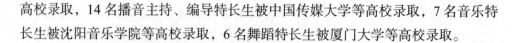

高校录取，14名播音主持、编导特长生被中国传媒大学等高校录取，7名音乐特长生被沈阳音乐学院等高校录取，6名舞蹈特长生被厦门大学等高校录取。

二、办学经验值得借鉴

1. 优秀教师团队

衡水中学的核心竞争力是有一支素质过硬、非常优秀的教师队伍。学校特别强调教师的精神与人格修养，大力弘扬四种精神：有理想、有学识、无私奉献、埋头苦干的敬业精神；精诚团结、同心协力的合作精神；不甘落后、强力争先的进取精神；与时俱进、不断开拓的创新精神。

新教师四年中必须过"五关"，即思想品德关、教学技能关、教材教法关、教育管理关、教育科研关，才能拿到"教师合格证"。师资进阶有五个等级：希望之星→教学骨干教师→最受学生欢迎的教师→优秀学科带头人→功勋教师。通过这些方法，把教师的精力引导到教学与科研上，激发工作热情，促进能力发展，不断超越自我。

2. 精细科学管理

衡水中学教育科学引领前行。精细的科学管理突出"四个注重"：注重管理的精细化；注重管理的高效化；注重管理的人性化；注重培育学校文化。

学校在向常规管理要质量的方针指导下，不断加强教学过程和教学细节的管理，提炼和践行"一至六"的系统教学常规管理思路并引入"诱思探究"的教学理念。在管理方面闯出了一条新路，教学质量持续领先。

教室文化、宿舍文化、处室文化、橱窗文化等校园文化，无不整齐有序又特色浓郁，内容健康积极向上，富有知识性趣味性，处处体现着管理的精细严明和人性化。

3. 精品活动奠基梦想

秉承培养适应未来社会发展的素质全面的现代人这一办学宗旨，学校开展了丰富多彩的主题活动。如，联系社会热点和舆论焦点，启动评选"十大节约节能"标兵活动；开展"志愿者"行动搭建学生"自我教育、自主管理、自我发展"的平台；开展逃生自救大演练、探索衡水湖湿地奥秘等活动，对学生进行别开生面的自然社会生活教育。

学校还扎实有效地开展了国情教育活动、科学文明教育活动、体育教育活动、法制教育活动、安全教育活动，还有学术研讨活动、军训活动、勤俭节约活动、廉洁奉公活动等。通过每年 50 余项精品活动，促进学生全面而有个性地发展。

4. 社会大力支持

全社会的支持是衡水中学发展的强力保障。据统计，短短三年来，学校就得到公益组织、爱心企业、爱心人士捐助的学生奖助学金 1800 余万元，惠及品学兼优、家庭贫困学生万余人。例如，爱心万里公益基金会不但资助贫困学生上大学的学费，而且还开设"爱心万里大讲堂"，帮助贫困学生树立正确人生观和价值观，激发他们积极向上的学习和生活心态，向德智体美全面发展，办学实践活动取得实效，增加社会正能量，助力实现中华民族伟大复兴的中国梦。

三、创新发展，精益求精

1. 将优质教育资源辐射到全国贫困生

衡水中学是全国优秀的高中学校之一，将优质教育资源辐射到全国具有很大优势，而爱心万里公益基金会历来关注贫困生教育，因此两个单位拟共同建立"宏志班"，以教育部拨款和爱心万里公益基金会共同出资作为资金支持，每年招生 74 人，每个省、区、市、计划单列城市及新疆建设兵团选男女各一名优秀贫困生，在为高校输送优秀人才的同时带动老少边穷地区和教育不发达地区的教育教学向现代化发展。

2. 推动社会纵向流动，促进实现社会公平

推动衡水中学办学经验，可以让更多勤奋好学、品学兼优、家庭贫困的学生，尤其是农村的学生，享受到优质教育资源，从而打通有志青年通过教育提升社会地位的通道，推动社会纵向流动，实现社会公平，为发展科教文卫事业，为促进建设和谐稳定社会做出应有的积极贡献，开创治校现代化新局面。

（与万伯翱、奚景敏、孟凡晶、李超共同撰写）

2015 年 9 月

中国"入世"后广州本田有能力与进口车竞争

广州轿车项目，经过更换合作伙伴和资产重组，走出一条"少投入、快产出、滚动发展"的道路，彻底扭转了原广州标致产品积压、连年亏损的被动局面，取得了较好的社会效益和经济效益，为"入世"后汽车业参与竞争做了有益的铺垫。

资产重组有效益

盘活资产，摆脱困境。广州标致汽车有限公司，由于种种原因，产品积压，连年亏损，负债近 30 亿元，濒临破产。为使广州轿车项目摆脱困境，广州市决定放弃法国标致汽车，通过货比三家，选择了日本本田汽车公司进行合作。通过向合作股东转让广州标致资产和处理广州标致存量的汽车，总计收回 30 亿元，清还了广州标致的全部债务。1998 年 7 月 1 日，成立广州本田汽车有限公司，在购买广州标致资产（11.6 亿元）的基础上，新增固定资产投资 4.4 亿元，只用了 15 个月就全面完成工厂改造工程，形成了年产 3 万辆广州本田雅阁轿车的生产规模，使企业获得新生。原广州标致的 2000 多名员工也全部得到安置，无一人因重组而下岗。广州市在这次重组中，稳定了广州轿车定点生产的地位和员工队伍，盘活了 10 多亿元的不良资产，增加了国家和地方的财政收入。

轻装上阵，再获生机。1999 年 3 月 26 日，首辆广州本田雅阁轿车生产下线，11 月正式通过 40% 国产化验收，2000 年 2 月通过国家项目验收。1999 年度产量达 10008 辆，实现工业总产值（现行价）24 亿元，销售收入 23.9 亿元，创税费 8.6 亿元。经日本本田技术专家严格检验结果表明，广州本田生产的雅阁轿车质量，已经完全达到日本本田公司在日本和美国实施的技术标准和质量标准。广州本田雅阁轿车投放市场以来，比较抢手，供不应求。2000 年广州本田预计实现销售收入 70 亿元，实现利润 4.6 亿元。按预测，从 1999 年至 2005 年，广州本田项目向国家和地方上交各种税费，累计将超过 200 亿元（包括进口关税），成为广州支柱产业和新的经济增长点。

"入世"发展有优势

广州本田的特点是：少投入、快产出、严管理、高质量、滚动发展。中国"入世"后，面对进口轿车的挑战，广州本田具有四大优势：

1. 品质优良。广州本田承诺：广州雅阁车的质量绝不低于美国、日本本田生产的雅阁车质量。根据日本本田品质保证体系，结合本身情况，广州本田制定并实施了比 ISO9000 要求高的品质保证体系（GHQS），实现"世界品质，一脉相承"。一年多的上市产品印证了承诺。

2. 价格从优。中国"入世"后，广州本田生产的轿车价格要低于同类进口原装车的价格。据测算，随着产量增加，零部件关税率下降及国产化率上升，雅阁 2.3VTI—E 轿车的零售价，将低于同类进口车价 10% 以上。而目前单台广州本田雅阁 2.3VTI—E 轿车全年上交税费 10.9 万元，占车价 36.6%（美国轿车上交的税费只占车价 2%—2.5%），调价的潜力很大。

3. 技术领先。广州本田引进的雅阁车，从技术、装备、造型、安全、设计的先进性、合理性和舒适性等，均处于国际中高档轿车的领先地位，排放已达美国最严格的加州排放标准，品牌具有很强的竞争力。

4. 服务配套。广州本田以服务为中心，集整车销售、售后服务、零配件供应、信息反馈于一体的营销模式，是国内首创。目前已在全国各地建立 34 家特约销售服务店，今年将发展到 80 家，销售服务网络遍布全国各地。

参与竞争有潜力

广州本田面对"入世"，提出了四项对策：

1. 增加品种，扩大规模，提高市场占有率。"入世"后有限的保护期内，广州本田强调练好内功。公司成立技术开发中心和新车型科，负责新车型的引进、消化、吸收工作，以品种、车型和技术创新，适应市场需求变化。在推出"98""99"款广州本田雅阁轿车的基础上，最近又推出了"00"款和 2.0EXI 等新车型，2003 新款车也在开发中。目前，中国市场的雅阁车的保有量超过 10 万辆，鉴于市场供不应求，计划 2003 年产量力争达到 3 万辆，在 2003 年和 2004年将分别达到双班年产 5 万辆和 8 万辆的能力。

2. 提高国产化率，增强企业的开发能力和应变能力。"入世"后，有关轿车国产化率的产业政策要求，将会弱化乃至取消。广州本田认为，提高国产化率有

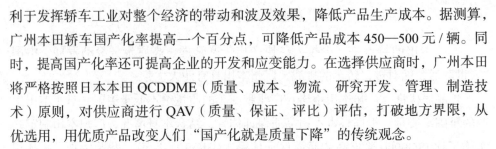

利于发挥轿车工业对整个经济的带动和波及效果，降低产品生产成本。据测算，广州本田轿车国产化率提高一个百分点，可降低产品成本450—500元/辆。同时，提高国产化率还可提高企业的开发和应变能力。在选择供应商时，广州本田将严格按照日本本田QCDDME（质量、成本、物流、研究开发、管理、制造技术）原则，对供应商进行QAV（质量、保证、评比）评估，打破地方界限，从优选用，用优质产品改变人们"国产化就是质量下降"的传统观念。

3. 发展经济型轿车，以适应市场需要。"入世"后，轿车消费扩大，走进百姓家庭有望，价格10万元左右的家用经济型轿车的市场潜力很大。广州本田计划抓住"入世"机遇，积极引进经济型轿车，起步产量为10万至15万辆。

4. 加强产品的联合开发和自主开发能力。"入世"后，广州本田将进一步优化企业结构和产品结构，继续走专业协作化道路，加强国际合作，形成自主开发能力，以在经济全球化中取得应有地位。企业规划建立大型的、功能齐全的汽车研究开发中心，进一步引进日本本田公司的技术、管理和人才，开发生产具有自身特点和竞争力的新品种。

对当前我国轿车工业发展的几点希望和建议

1. 给予和维护已定点轿车生产企业的自主权。希望国家允许已定点的轿车生产企业根据市场需求自主选择发展方向，包括自主选择产品品种、生产规模、技术引进、产品开发等方面的自主权，使企业得以按市场经济规律办事。同时严格控制新上轿车项目，加强宏观调控。

2. 改善国内汽车消费环境。希望国家为扩大轿车消费进入家庭提供良好的外部环境。针对普遍反映"买得起车用不起车"，抑制了群众的购车欲望的问题，对消费环境进行综合治理。

3. 给企业以宏观指导。建议国家加强对"入世"后轿车企业的应对政策的研究，及时给予政策性的指导意见，分类指导，扬利驱弊，以确保我国轿车工业在入世后健康发展。

（与李美清共同撰写）

2002年5月

吴江科学推进生态文明建设重在实效

苏州市吴江区是以传统的丝绸纺织产业与新兴的电子信息、光电缆、装备制造等产业为主的经济发达地区。近年来，吴江在新型城镇化过程中科学推进生态文明建设，探索出一条创新生态模式、提升城镇化质量、经济与环境协调健康持续发展的成功路径。2014 年，吴江实现地区生产总值 1486.5 亿元、财政收入 380.38 亿元。全年环保投入 74.7 亿元，比上年增长 10.89%；实现节能 22.8 万吨标煤，工业废水排放达标率、工业烟尘排放达标率、工业固体废物综合利用处置率均达到 95% 以上；全面完成农业生态"四个百万亩"计划，新增绿化造林面积 1 万亩。2011 年国家环保部授予吴江"国家生态市"称号，并入选全国生态文明建设试点城市。

吴江在实施新型城镇化过程中科学推进生态文明建设，重于实践，重在实效。他们的主要经验和做法是：

一、坚持实施东太湖综合整治，
实现东太湖治理与新型城镇化建设的完美结合

吴江从 2008 年开始实施东太湖流域综合整治工程，专门成立东太湖综合整治工作领导小组，制定东太湖综合整治工程方案。整个工程以流域防洪安全为起点，以生态修复为落脚点，包括洪道疏浚、退垦还湖、退渔还湖、生态清淤以及生态修复等五大工程。一期工程到 2013 年基本完成，将 5.9 万亩东太湖围网养殖区缩减至 1.9 万亩，3.79 万亩围垦面积退垦 2.77 万亩，新增水面 16.6 平方公里，东太湖蓄洪能力提高近 30%。同时，依托东太湖综合整治工程规划了太湖新城，坚持高起点、高标准、高质量、高品位的原则，建设宜居乐居的滨湖生态"美丽苏州湾"。目前该区域基础设施全面建成，碧波美景充分展现，核心区域全面崛起，使吴江的生态环境和城市面貌从根本上得到改观和提升，从"运河时代"走向"太湖时代"。

27

二、坚持开展对湖泊河流的长效治理，
实现水资源保护利用与人居环境改善的良性互动

吴江一手抓水环境治理改善，一手抓水资源保护开发，使河道湖泊既承担起行洪排涝、灌溉供水的职能，又提供了妆点景色、改善人居环境的便利，为吴江社会和谐、经济发展提供了宝贵资源。一是加强河湖长效管理。落实河道管理责任制，及时发现、制止各类水事违法行为。开展河道疏浚、畅流工程，对55个列入省保名录的湖泊进行了重点治理。2014年疏浚河道186条。二是实行最严格的水资源管理制度。建立了水源地智能监测管理系统，积极开展水源地生态清淤和应急备用水源地建设，饮用水源水质达标率100%，为上海、苏州等大中城市提供优质、安全的水资源。三是节约用水。建设节水型单位，大力推广应用节水新技术，努力降低生产、生活水耗。四是适度建造湿地公园。自然湿地保护率达72.9%，在保护水环境利用水资源的同时美化城镇，为居民提供良好的工作生活环境和休闲娱乐场所。如利用湿地生态建成的格林乡村公园，及依托公园举办的七都太湖迷笛音乐节、太湖迷笛营等活动，不仅为吴江人民提供了丰富健康的娱乐平台，而且吸引了全国各地游客前来休闲度假。

三、坚持优化生态经济布局，
实现生态环境保护与经济转型升级的互相推进

吴江大力鼓励发展环保、绿色经济和高科技含量的先进生产能力，以生态文明建设倒逼经济转型升级，以经济转型升级推进生态文明建设。一是新上工业项目严格把关。无论项目规模多大、效益多好，凡是会产生"三废"污染的，一律不准引进，从源头上杜绝污染企业。二是关停高能耗、高污染企业，淘汰落后产能。通过宣传引导、常态监管、执法检查、落实补偿奖励政策等措施淘汰落后产能，减轻其对生态的破坏。2014年淘汰、关停落后企业75家，取缔"三无三废"生产点300余个。三是发展循环经济。通过树立典型积极引导，建设循环经济产业园、设立区级节能与循环经济专项引导资金等鼓励措施，激励企业开展清洁生产、发展循环经济，实现资源利用的最大化和污染物产生的减量化。四是加强大气污染治理。2014年开展大气污染防治工程223项，全年空气质量优良天数267天，优良率73.15%。

四、坚持发展低碳、绿色、生态农业，
实现生态文明建设与"三农"发展的有机融合

把发展农业、致富农民、美化农村与生态文明建设紧密结合起来，实现农业、生态互补共进。一是积极推动传统农业向生态农业、高效农业、休闲农业转型升级，提高农业生态平衡能力。二是推广清洁环保生产方式，治理农业面源污染。全面实施化肥、农药减量工程，农药、兽药、鱼药全部采用高效低毒，由供销社统一派送统一监管。三是实行农业废弃物再利用。建成农业废弃物集中处理实验示范中心，做到秸秆肥料化利用、饲料化利用、能源化利用，近两年秸秆综合利用率达到99%以上。四是推进现代农业示范园区建设。建成集中连片、特色鲜明、经营高效、设施先进的各级各类农业示范园区8个。五是创新低碳高效水产养殖技术。吴江水产养殖公司研究成功并推广的低碳高效池塘循环养殖淡水鱼技术属全球首创。

五、坚持集约、智能、绿色、低碳的新型城镇化理念，
把科学推进生态文明建设贯穿于新型城镇化全过程

一是以集约的理念规划建设新型城镇。充分尊重自身独特的自然、人文、历史、产业等区域特点，不片面求大求快，努力构筑新型城镇化格局，有效避免了人口密集、交通拥堵、治安恶化等"城市病"的负面影响，而且具有环境自然清新、居民生活便捷、社会安定有序的优点。二是创建国家卫生镇和美丽农村。全区实现国家卫生镇全覆盖，各镇镇容镇貌显著改善，生态修复和资源保护得到重视，人民群众得到实惠。三是全力打造绿色交通。加快城乡公共交通一体化建设，实现村村通公交；建成公共自行车运行系统，有效减少了车辆废气排放。四是注重新型城镇可持续发展。开展节约型城市建设、推广绿色建筑和清洁能源，低碳处理垃圾、污水、废渣等城镇废弃物，加快资源循环利用，城区主要有害垃圾实现100%无害化处理。积极推进生活污水治理，在全省率先实现建制镇生活污水处理厂全覆盖。

（与张莹、郑万城、张勇勤、商军共同撰写）

2015年5月

上海徐汇区在养老服务中
引入大数据创新监管的成效及启示

为应对人口老龄化，加快发展养老服务业，上海市徐汇区通过建设政府大数据平台和购买社会服务相结合的方式，对全区养老服务工作实施全流程信息化监管，管理服务效能和服务满意度显著提高。

一、适应老龄化加快发展趋势，引入大数据全流程监管模式

近年来，徐汇区人口老龄化加快，截至 2014 年底，60 周岁以上户籍老年人口为 30 万人，占户籍人口总数的 30%；80 周岁以上高龄老人 5.5 万人，占全区老年人口的 20%。全区有纯老年人家庭人口 6.4 万人，独居老人 1.7 万人。预计到 2020 年，徐汇区老年人口比例将达到 36%。目前，徐汇区年均养老服务资金总投入 7350 万元，其中居家养老政府补贴就达 1650 万元，但与全区老年人多样化、多层次的庞大需求相比，仍有很大差距。特别是，在服务资源整合及体制机制创新等方面仍存在制约因素，使服务供给不足与效能不高等问题长期存在。为解决这一问题，徐汇区民政局与专业信息技术公司进行合作，建立了能够对各类养老服务工作实施全流程实时监管的信息平台，并依托平台积极开展"智慧关怀"养老服务项目。主要做法包括：

（一）"智能化"实时监管。一是依托"智慧关怀"监管服务平台对全区老人、服务人员、各级管理人员的基本信息及变动情况进行全面管理；二是通过移动互联网技术，以手机为主要载体对养老服务（包括居家养老服务、家政服务、理发服务、送餐服务及各类特需服务）的服务内容、服务过程、服务计时计费、服务评价等实施有效监管；三是通过监管平台的信息交互功能，向所有服务对象送去服务详情，解答政策咨询，采集所有服务对象的反馈意见。

（二）规范化、标准化监管服务。养老服务的服务内容、服务时间、服务标准是体现服务质量的关键。在规范监管以前，养老服务主要是服务人员与被服务

老人在确认服务内容和时间等方面随意性较强，服务标准不明确，双方矛盾时常发生，服务质量和满意度不高。在实施监管规范之后，服务划分为陪医、代购药、洗衣服被褥、打扫卫生、买菜做饭、代购物、送餐等，监管各项服务具体工作，确定每类服务项目的计时计次标准和政府补贴标准，将监管系统的实时服务数据作为考核结算依据。

二、运用"互联网＋大数据"提高监管效能

目前，徐汇区"智慧关怀"信息监管平台及服务项目已在所属 13 个街道镇全部建设完成并进入运行阶段。从 2015 年 3 月启动至今，依托各级平台，累计为数千名养老服务申请者实施了系统的老年照护需求评估，共计监管机构养老、居家养老、医疗护理等各类为老服务 96136 小时，有效整合了资源，节约了大量人力物力，大幅提高了服务效率，起到了"政府放心、社会认同、老年人满意"的一举多得之效。

一是切实提高服务质量和满意度。有效分级监管各类养老服务的政策落实情况、具体服务情况，为各级政府提供了及时、准确、便捷的监管手段。规范由政府购买服务的各类社会组织和服务人员，监督管理养老服务的运行和最终成效。实施监管以来，群众满意度明显提高，老年人家政服务平均满意率从 83% 上升到 99%。

二是有效管理政府的投入资金。使用实际采集的实时数据进行服务费用结算（养老家政服务时间结算精确到秒，理发送餐等项目化服务精确到次），既防止了服务过程中的弄虚作假的可能，又确保政府资金投入和使用的有效性，同时也保护了服务人员、被服务人员及服务机构等各方的权益。

三是实时反馈养老服务项目的实际需求、居民满意度及意见建议。通过数据分析和数据挖掘，及时进行各类人力、物力等服务资源的优化配置，保证养老服务资源分配合理、运转透明、有效使用。同时，该平台的有效数据又可为探索建立符合本区实际、覆盖全体老年居民的老年护理保障制度提供客观准确的依据。

三、几点启示

上海徐汇区在养老服务中引入大数据创新监管，在构建符合本地实际的智能

化养老服务模式方面进行了探索实践。当前，我国已进入老龄化快速发展阶段，老年人口正以每年超过 3% 的速度递增，2014 年我国老年人口达 2.13 亿人，老龄化水平已超 15%，养老服务需求大，养老服务业发展的前景广阔。而现在很多地方养老机构和床位严重不足，且对有限的资源缺乏有效整合和合理使用，养老服务业发展滞后。近年来，一些地方通过开展"互助式"养老，创建"虚拟养老院""智能养老院"，在全国建设了一批立足社区、贴近家庭的"无围墙养老院"。这与上海徐汇区的做法有"异曲同工"之处，都是依托互联网和大数据等现代科技手段，搭建信息化管理服务平台，整合各方资源"登台唱戏"，发展养老服务事业。它们通过小投入、小创新、小改小革，实现了为更多老年人提供更好服务的"大效益"。综合这些做法，得到一些有益的启示。

一要继续探索拓展居家养老路径。居家养老相较于机构养老，投资少、成本低、服务广、收益大、见效快，能够有效节约社会投入，同样的资源可为更多的老年人服务。各地应大力培育居家养老服务企业和机构，开展居家老年人助餐、助浴、助洁、助急、助医等定制服务，逐步实现居家服务规范化、个性化。同时，积极引入社会组织和家政、物业等企业，以老年人需求为中心，不断丰富老年供餐、社区日间照料、老年活动中心等形式多样的养老服务项目，让老年人在家门口、社区内就能获取适合的贴心服务。

二要加快实现养老服务"智能化"。老人生活不便，要得到良好的照顾，除了靠人工服务外，需要借助科技的力量。将移动互联网、大数据、云计算、人工智能与养老服务融为一体，建设智能化的综合养老服务体系是一个重要的发展方向。除了积极鼓励有条件的地方政府引入大数据监管，建设与现代政府治理能力相适应的信息化养老管理服务平台外，各地还应大力支持企业和社会服务机构运用互联网、物联网等技术，创新居家养老服务模式，发展老年电子商务，建设居家服务网络平台，提供紧急呼叫、家政预约、健康咨询、物品代购、服务缴费等适合老年人的服务项目。通过网络化信息平台，努力实现对养老服务资源的充分利用，不断优化服务内容，提高服务质量。

三要大力开展政府购买服务。养老服务及居家养老应在政府指导下走社会化、市场化的路子。政府要通过购买服务项目来引导社会力量积极兴办养老服务机构，提供丰富多样的养老服务，开发个性化养老产品。同时，要在财政、金融、用地、税费、人才、技术及服务模式等方面给予政策倾斜和扶持，营造鼓励各方面在养老服务领域创新创业的浓厚氛围，让企业、社会组织和个人的"双创"活力充分释放出来，打造更有活力的"中国式"养老服务业。应加大对上海徐汇区等地养老服务创新做法的宣传推广，支持更多有积极性的地方先行先试、探索创新，为全国养老服务业发展提供经验。

（本室武树帜供稿，李坤参与研究整理）

2015 年 5 月

广东河源市重视保护优质水源

——从源头确保港、深、广等地饮用优质水

河源位于粤东北、粤赣交界的九连山麓，濒临东江上游。新中国成立前，这一带是东江人民游击队的主要活动地和驻扎地。20 世纪 60 年代，广东开发东江水系，移民修建新丰江和枫树坝两大水库，均在河源境内，河源人民做出过"移民失地"的贡献。

1988 年初，经国务院批准设市，辖一区（源城）五县（和平、龙川、紫金、东源、连平）114 镇 1 民族乡 2 街道，面积 1.58 万平方公里，山区近八成，人口315 万。由于种种历史和客观等原因，集老少山穷（5 县均为贫困县）于一体，河源至今仍属广东次发达地区之一。建市 12 年来，河源人民坚持走依法治水促环保与脱贫奔康相结合的路子，建成绿水绕城、空气清新的优美环境，是全国13 个大气环境质量达到国家 I 类标准的城市之一，也是广东省唯一获此殊荣的城市。贫困地区脱贫中重视环保建设，确是有益探索，值得借鉴。

水源和管理

河源素有"粤东宝库"之称：

列省前茅的铁矿、萤石和稀土（钇、锂、铕）等 40 多种矿产资源；

奇特罕见的无脊椎动物化石——菊花化石群与脊椎动物化石——恐龙骨骼、恐龙蛋及龟鳖类并存的古生物资源；

猕猴桃、南药、香菇、桂花鱼等土特产品；

秀丽多姿的山峦江河自然生态与亚洲第一高喷、桂山森林浴等景观，构成取之不尽的旅游资源。

多种资源宝藏的宝中之宝，是蕴量丰饶的水能资源。多种资源的开发利用，又都以保护优质水源和生态环境为前提。

建市以来，发展经济，始终不忘环境管理、防止污染和生态保护。河源市制定颁布了《河源市区饮用水水资源保护管理办法》等地方性法规，依法治水，从

严管水，把好上项目关，控制和治理污染源，使两大水库水质始终保持国家地面水I类标准，每年为中下游2000多万人口提供60多亿立方米的新丰江水库的水源，常年一泓碧水，保持自然纯净。遗憾的是优质水流到下游，受到严重污染，还得加工处理，方可饮用。

重视和措施

为贯彻江泽民同志关于要求广东"增创新优势，更上一层楼，率先基本实现社会主义现代化"的指示，河源市配合国家批准立项的东深供水改造工程的实施，采取四项措施，进一步做好保护优质水源工作。

调节水位，涵养水源。鉴于河源是全省环保示范基地，又是惠州、东莞、深圳和香港等地2000多万人口饮用水的水源地，为进一步保护好水源水质，决定于新丰江、东江在河源市区汇合处，修建新江水利枢纽工程。设计坝高5.5米，总容量900万立方米，总投资2000万元。工程主要是拦河筑坝，提高水位，防止东江浑浊水倒灌新丰江水库，枯水期为东江中下游航运、供水、压咸等带来调节效益，使新丰江水库一带绿化率99.6%，森林覆盖率70.5%以上，有助于涵养优质水源。

处理污水，净化水源。彻底解决河源市生活污水直接流入东江等问题，是保护水源的又一举措。据了解，广东省大部分城市至今没有污水处理厂。目前，54个城市中，只有广州、深圳、珠海、汕头、中山等10个城市建有污水处理厂，全省污水处理率仅达12%左右。河源市决定兴建城市污水处理厂，设计规模8万吨/日的处理量，投资17253万元，3年建成。投产后可使城市污水得到集中控制治理，进一步减轻对东江水质和大气的污染，改善东江水系的自然环境和生态状况，有利经济发展。

生态旅游，保护水源。河源境内重峦叠嶂，青翠满目，河溪纵横，绿水长流，营造"青山绿湖碧水城"的秀丽风光。新丰江国家森林公园桂山风景区，是北回归线上面积最大的常绿阔叶林区，与肇庆鼎湖山、云南西双版纳并称"北回归线沙漠腰带上的三奇"，成为"绿色生态游"的河源旅游名优品牌。1999年新丰江国家森林公园接待游客104万人次，比上年增长17.6%。旅游业注意经济与生态互动发展的良性循环，将成为河源山区经济的支柱产业。

强化环保，依法治水。为了保持水源的洁净，多年来河源市从维护大局利益出发，关闭了40多家沿江餐馆，取消和更换了水库内105艘旅游快艇，关停了可能污染水源的"奇松岛""水月湾""凤岛鹿苑"等景点，撤销库内一批网箱养殖项目，以及沿江一批污染严重的厂、场、矿企业，从而确保两江碧水长流。与此同时，还通过教育和建章立制，强化市民环保意识，在旅游区，每个导游都备有一个环保清洁袋，沿途讲解，发现一个烟头、一片纸屑，随手拣起，感动了游客，再不忍心乱扔垃圾。

意义和效益

河源重视环境保护，做好"水"文章，保护优质水，既有巨大现实意义，又有良好的社会效益和经济效益。

改造供水，造福下游。通过东深供水改造工程输水至深圳，经深圳水库生物处理后，供净水至香港。工程耗资近50亿元。1999年底动工，2002年建成使用，届时将从根本上改善了下游水质。目前广东省有关部门正在立项，论证新丰江水库管道供水珠三角的方案，开发新丰江水资源，前景广阔。可以考虑通过立法，在受益地区承担费用，筹集资金，支持项目建设。

优质水源，发展养鳗。20世纪90年代以来，我国江浙、福建、潮汕及珠江三角地带成为养鳗基地，产品主销日本。由于一度市场供过于求，价格下跌，加之沿海赤潮、酸雨等的污染，造成养鳗亏损。几年后，养鳗业向山区进军，另辟蹊径。河源市自1997年初投放欧洲鳗苗，当年10月捕鳗，成活率98%，亩产超过5万吨，效益良好。2000年已建成投产鳗场12个，面积2500亩，全市养鳗5000亩。由于欧洲鳗苗成本低（1.3元/条，本地鳗8元/条），成长快，品质优，卖价高，外销好，但生产技术条件和生态环境要求高（如水温是27℃以下的优质水），鳗鱼病害少，肉质清甜细嫩。河源具备养鳗的水质和环境优势，可以利用"公司+农户"的模式，发展绿色产品和山区"三高"农业。在现有基础上，3年内，发展养鳗1万亩，配套建设1座有3条生产线的烤鳗厂，年产烤鳗3600吨，项目总投资9000万元，首期投资2950万元，年产值18360万元，创利润2435万元，税金184万元，出口创汇2400万美元。项目建成后，整个生产期可形成利润3.2亿元，上缴税金2557万元，将成为脱贫奔小康的一个造血型支柱产业，而目前亟待有关方面，给予启动资金支持和贷款。

开发净水，增辟财源。新丰江天然净水，是选用新丰江水库天然水，经纯物理方法精制而成。既保留了对人体有效的矿物质和微量元素，又兼备纯净水和矿泉水的优点，长期饮用，有益健康。源于天然，胜于天然，是饮用水升级换代的新品种，河源市将用 5 年，建成华南最大的饮用水基地。项目分期实施，一期工程形成日产 440 吨天然净水生产能力，总投资 4380 万元，年销售收入 1.13 亿元，利税 3284 万元；二期工程完成日产天然净水 2000 吨，总投资 2 亿元，年销售收入 6.5 亿元，利税 1.1 亿元。这将是又一脱贫奔小康的造血型支柱产业。

脱贫奔小康，发展在望。目前河源市正在进行一项艰巨的社会环保系统工程，功在当代，利在千秋，力争把河源建成全国第三批国家级优秀旅游城市，走上脱贫奔小康、建设社会主义现代化的道路。

2000 年 9 月

随笔杂谈

发展"三农"事业，全面构建小康社会

发展"三农"（农村、农业、农民）事业是发展经济的重要组成部分，毛泽东主席、周恩来总理就十分重视发展农业，曾提出"以粮为纲"发展国民经济的口号，解决当时世界人口大国（中国）七亿人民吃饭问题，堪称奇迹。直到今日，习近平主席、李克强总理创新发展"三农"事业，成为党中央、国务院日常工作的重中之重，较好地解决了13亿人口的吃饭问题，举世无双，没有任何一个国家可以比美。

1959年我毕业于北京师范大学，留校工作，任助教。1960年国家因天灾等原因造成暂时困难，学校领导为锻炼培善青年干部，下放一批青年人到农村锻炼，我被分配到北京市顺义县焦庄户村劳动锻炼。在农村锻炼时期，每天日出而作，日落而息，和贫下中农一起干活，过上朴实的农民生活，体会到农民一年又一年的劳动艰辛。

1964年我从北京师范大学调中央国家机关国家编制委员会工作，任办事员。1968年下放到宁夏贺兰山下、西大滩国务院办公厅五七干校劳动锻炼，每天干农活，初步学会了种田，从事农业生产，是我一生中学农、务农、支农难得的一段经历，学到农业知识，多少也懂一些农民在中国新民主主义革命和社会主义建设事业中的作用，也对体会发展"三农"事业颇有帮助。

发展"三农"事业，利国利民，关系国计民生，改善人民生活，特别是帮助和促进农民致富意义重大，应当受到中央、地方各级政府相关部门的关注和支持。李克强总理在2015年作政府工作报告时，特别强调支持发展"三农"事业，并指示金融部门要采取有力措施支持"三农"事业发展。

发展"三农"事业，目标是加快实现农业现代化，为社会主义现代化建设服务。发展"三农"事业，要在中国特色社会主义理论指导下创新发展、开拓前进、取得实效。发展"三农"事业，贵在坚持，落到实处，不搞形式主义，不做表面文章，使农民通过发展"三农"事业不断增加收入，得到应有的更多的实惠。

发展"三农"事业，要推动社会主义新农村建设，使农民安居乐业，过上幸福健康的生活，发展"三农"事业要保障农民权益，杜绝历史上曾经发生的侵犯和损害农民利益的行为和事件。

要加强对发展"三农"事业的领导和保护，稳中求进，稳定农业增产，稳定农民就业和增收，促进农村社会和谐稳定。稳定发展"三农"事业，为全面建成中国特色社会主义小康社会做出应有的更大贡献，开创发展"三农"事业新局面。

2015 年 4 月 20 日

愿《创业》刊物越办越好

创业应以创新发展为基础，方能使创业走向辉煌。创业要在中国特色社会主义理论指导下，才能朝着正确方向走向健康发展道路。

创业要遵循为人民服务的宗旨，谋福祉，富百姓，实现国泰民安。

创业发展不会一帆风顺，会遇到估计不到的困难，必须有勇气、有胆识，攻坚克难，夺取胜利。

创业不是少数人的事情，更非一个人所能为，必须依靠广大人民群众共同努力，才能使创业达到预期目的。

创业来之不易，必须维护和巩固创业成果，发展创业事业，使创业迈向一个新台阶。

创业不是一朝一夕的事情，创业有成，必须尽人尽力，实心实意，坚持不懈地奋斗，继往开来，一往无前。

创业要艰苦奋斗，自力更生，使光荣革命传统传承延续，发扬光大。

创业要科学，创业内容才高品位、高质量、高素质。

创业要重民生，利国家，使人民安居乐业，生活越来越好，使国家日益富强。

创业要从实际出发，坚持实事求是，妥善解决好社会发展中各种矛盾和实际问题。

创业一定要适应经济发展；妥善处理各个方面的关系，促进社会经济稳中求进，不断持续发展，促进社会和谐稳定，全面构建中国特色社会主义小康社会。

创业要稳步前进，欲速则不达，朝着朝阳，走向美好前景。

创业要为国家社会主义现代化服务，为其做出更多更大更新的贡献。

创业最终要实现伟大复兴美丽的中国梦，开创创业创新发展新局面，走向国际社会。

最后，预祝《创业》刊物创刊顺利，越办越好，受社会各界和广大读者的欢迎和喜爱。

2015 年 5 月

树帜所作题词

为《今日中华》题词：论风流人物，看今日中华。

为新疆哈密民营企业家王柱题词：克服困难，发展生产，为社会做出贡献。

为李红勤题词：创新发展，事业有成，自勉自励，治学严谨，精益求精。

为文物收藏家周双城题词：价值连城，收藏丰富。

为赵应国台长题词：崀山美景，名扬天下。

为嘉兴企业家任志明题词：创新发展，变废为宝，利国利民，功在千秋。

为南京企业家张青意题词：攻坚克难，开创事业新局面。

为冀庆茂、张卫功、吴东风题词：寻自马克思养生格言——一种美好心情，比十服良药更能解除生理上的疲惫和痛楚。

2000 年调研欧亚大陆桥

2000 年春天，在施绍祥同志的陪同下，从南京出发，经过泰州、南通到达东部沿海城市连云港，即欧亚大陆桥东端。据传，连云港是古典名著《西游记》孙悟空的老家，我们在连云港接待处同志的带领下来到花果山。此时春暖花开，风景怡人，令人心情格外舒畅。在连云港的一天时间里开一个调研会，学习连云港的历史，进行走访活动。

经过筹备，于 2001 年在新疆乌鲁木齐召开全国政策科学研究会年会，会后到南疆喀什考察。之后在甘肃兰州参加学术调研会，和国研室陈元生同志再赴新疆，到达新疆最西边霍尔果斯口岸考察调研，走访了中国境内的欧亚大陆桥西端，了解中俄贸易情况，颇有收获，并永久留在记忆中，现收集于《树帜文集续》中。

2000 年 5 月

参观红旗渠

红旗渠在河南林县，1983 年属安阳市，1994 年 1 月 24 日，经国务院批准设立林州市，由安阳市代管。

红旗渠风景区位于林州市北部，河南、山西、河北三省交界处，在安阳、新乡、鹤壁、长治、邯郸五个地区的中心地带，自然风光奇特，人文景观独特，是一处旅游观光的美好胜地。

河南林县土地贫瘠，特别是缺水，给当地人民生活带来很大困难。为了克服恶劣的自然环境，林县人民群众在当时县委书记杨贵同志的带领下，发扬一不怕苦二不怕死的革命精神，打了一场战天斗地的英雄战。在 1960 年我国经济处于暂时困难时期，林县人民群众为改变缺水造成的困难振奋精神，攻坚克难，从

作者与解思忠等同志考察时听取讲解

1960 年 2 月起，开山修建红旗渠，历时十年，于 1969 年红旗渠竣工，即引来山西漳河水，流入林县大地。为修建红旗渠，林县人民有钱出钱，有力出力，做出无私贡献，甚至有 81 位英雄儿女献出了自己的宝贵生命。

林县人民在极其艰难的施工条件下，奋战于太行山悬崖绝壁上，逢山凿洞，遇沟架桥，削平了 1250 个山头，架设了 151 个渡槽，凿通了 211 个隧洞，总干渠长 70.6 公里。红旗渠分干渠、支渠、斗渠共 1500 多公里。红旗渠建成，全县形成了引、蓄、提相结合的水利网，建水库、池塘 400 多个，建中、小型水电站 60 多个，灌溉面积 40 万亩，解决了人畜饮水困难，并提供工业用水。

红旗渠建成，成为中国水利建设历史的一面红旗，不仅使林县面貌发生了翻天覆地的变化，创造巨大的物质财富，而且孕育了"自力更生、艰苦创业、团结协作、无私奉献"的红旗渠精神，被誉为"人工天河""中国水长城""世界第八大奇迹之一"，十分壮观。

参观红旗渠，亲身感受林县人民在党的领导下，创造的人间奇迹和精神财富，留下深刻印象，铭记在心。

2014 年 5 月

参观芷江抗日受降纪念馆

2013 年 6 月 18 日，我与全国政策科学研究会副秘书长林正澄、田庆有到湖南芷江七里桥，参观中国人民接受侵华日军投降旧址。

"八年烽火起卢沟，受降一日落芷江"。1945 年 8 月 15 日，日本宣布无条件投降，8 月 21 日至 23 日日本降使侵华日军副总参谋长今井武夫一行八人，代表日本政府飞抵芷江向中国政府无条件投降，交出了日军在华兵力部署，接受了投降备忘录。中国战区受降全权代表何应钦随后在芷江部署了全国 16 个受降区和 100 余处缴械点等受降事宜，签发工作备忘录。

"芷江受降"宣告了日本帝国主义灭中国的美梦彻底破产，写下了中国人民近现代史洗雪百年国耻、抵御外敌入侵最光辉的一页。"芷江受降"，永载史册。现在芷江日本受降旧址，成为全国爱国主义教育基地和国家国防教育示范基地、全国重点文物保护单位、国家 AAAA 级旅游胜地。我们在湖南召开创新就业研讨会之后，返回北京，在芷江机场乘机。在候机时间我参观了中国人民抗日战争胜利受降纪念馆，在纪念馆前留影，留住精彩瞬间，让我们永远铭记生命中这一刻。

2013 年 6 月

参观许慎博物馆

　　许慎，今河南省漯河市人，中国东汉时期文学家、经学家，著有《说文解字》，是中国第一部按部首编排的字典的创始人。2015 年 3 月，我们一行四人，其中吴东风也是漯河人，参观漯河南街文化，也参观了许慎汉文字博物馆，学习中国传统文学，提高辨认汉字的水平，丰富了汉文化知识。《说文解字》收集了九千多汉字，至今仍是重要的工具书之一。

　　《说文解字》收集了当时所有的汉字，如医学概念中的"疫"字，并解释为"民皆疫也"，即如多人都会得病，其中有伤寒、瘴气、传尸、疠风、虏疮等五大传染病，这些疾病曾给古人带来深重灾难。但如今，由于现代医学发达，除伤寒须要诊治，其他四种病已经绝迹，不为人们所知。《说文解字》无形中还给人们传播了医学知识：在生活中预防疾病注意身体健康，尤其注意锻炼身体，不生病，少生病，保持健康平安。

2015 年 3 月

参观张良故里

张良故里在河南省平顶山市郏县李庄村,虽称李庄,但百分之八十居住人口姓张。我们这次参观张良故居主要是由张良五十七代孙(自认为)负责接待和解说。

张良是刘邦谋士,民间称为"谋圣"。刘邦出身低下,也没文化,但他善于用人,他打天下,就用了三个人,萧何、张良、韩信,人称"三杰"。刘邦自谦筹集军需不如萧何,带兵打仗不如韩信,"运筹帷幄,决胜千里"不如张良,然而,却靠"三杰",在楚汉相争的过程中,打败不可一世的楚霸王项羽,建立汉王朝,登上了皇帝宝座,成为中国历史上的汉高祖。

汉王朝建立,张良成为开国功臣。刘邦坐稳江山不久,便开始杀戮功臣,带兵打仗在楚汉相争中建立赫赫战功的韩信,被设计死于刀下;筹集军需的萧何也没有寿终正寝;唯张良,见机不妙,便托词离开刘邦,回家乡故里经商。

传说汉朝历史上的"三杰"故事甚多,萧何月下追韩信,韩信被拜为刘邦的大将军,韩信曾在失利时,甘受胯下之辱,被后人喻为大丈夫能屈能伸。张良曾为素不相识的一位老人三次往返到桥下取鞋,毫无怨言,表现出忠厚之义。此次专程到张良故里参观,看了张良展览馆,重温了一段富有趣味的汉代历史,受益匪浅。回京后记录下这一珍贵回忆。

2015 年 3 月

致以周恩来总理名义开展公益活动的贺词

敬爱的开国总理周恩来永远活在人民的心中。周恩来总理在平凡的工作中，勤勤恳恳，日理万机，忠于人民、忠于党，严于律己，为政清廉，廉洁奉公，艰苦朴素，以身作则，将自己的一生无私地奉献给党和人民，为中华人民共和国做出了不可磨灭的伟大贡献，是我们全党、全军、全国人民学习的楷模和榜样。给世世代代留下了精神财富。

今天，我们在新世纪新时代，组织以周恩来总理名义开展的公益活动，利国利民，具有重要的现实意义，功在千秋。

我们一定要继承和发扬周恩来总理忠于人民、忠于祖国的崇高精神，全面认真贯彻党的十八大精神，贯彻落实科学发展观，在中国特色社会主义理论的指导下，弘扬和实践社会主义价值观，沿着中国特色社会主义道路奋勇前进，为祖国社会主义现代化、全面建成小康社会，做出应有的更新更大的贡献，实现伟大复兴美丽的中国梦。

2015 年 1 月 8 日

成都会议

成都市是天府之国四川的省会，是我国西南地区重要城市。成都社会经济发展，对我国中西部地区经济发展，乃至整个国家经济发展具有重要意义。

成都人杰地灵，培育了不少英雄豪杰。成都有杰出的军事家政治家和文学家，其中有全国著名的军事家朱德元帅、刘伯承元帅、陈毅元帅、聂荣臻元帅等，军事家政治家邓小平同志，还有闻名世界的大文学家郭沫若先生。

2007年全国政策科学研究会在四川成都召开年会，研讨的主题是：学习和继承我国古代水利建设经验，为祖国社会主义现代化建设服务。

与会理事代表、专家学者不少人来自大专院校，他们对四川成都保存的文化古迹深感兴趣，并借鉴古代水利建设经验，为推进社会主义现代化建设、全面构建中国特色小康社会畅所欲言，献计献策做出应有的贡献。

会议期间，理事代表饶有兴趣地参观了成都市附近的名胜古迹。成都平原，山地较少，仅有一座青城山闻名全国，不少理事代表、专家学者走到山下，观看山景；还有闻名全国的古代水利工程都江堰，从古至今，一直灌溉成都和四川平原，发展农业，使四川成为全国农业大省。四川成都文化古迹甚多，有诸葛亮的武侯祠，内有武侯诸葛亮的《出师表》，"诸葛一生唯谨慎，吕瑞大事不糊涂"的名言，流传至今，并成为毛泽东主席经常引用的经典名句；有杜甫草堂，附近还有乐山大佛、九寨沟风景区。参会的不少理事代表用一天时间，专程参观九寨沟风景区。旅途要走盘山路，比较辛苦，劳身乏身，所以导游风趣地说到九寨沟一生只能一次。

上述这些景点名胜，成为中外旅行家和游客学习、参观考察的好地方，我多次到过四川成都，有时开会，有时调研，九寨沟却只去一次。

据说全国进行文字改革推广普通话时，有的专家曾建议以四川话为准，推广普通话，但因四川话方音太重，最终还是以北京话为准向全国推广普通话。北京人说的话成为全国学习应用的语言，甚至台湾地区人们在讲闽南话的同时，也从

51

娃娃抓起学会讲普通话，并成为中国的标志之一。同属一个中华民族，除说各地方言之外，用普通话互相交流，就方便多了。此外，境外的新加坡人除了说英语外，许多人也都会说普通话。我和家人曾随旅游团去新马泰旅游，在新加坡住了一天时间，在那里起居饮食都和中国几乎一模一样，非常习惯。

2007 年 8 月

创新发展，治理雾霾

创新是动力，发展是第一要务，治理雾霾是关系人民健康的重要问题。

随着经济社会发展和城乡现代化建设步伐加快，大气污染严重，雾霾天气越来越多，越来越重，损害健康，影响群众生活。首都北京因汽车多、空调多等多种渠道排放污染气体，污染大气，出现雾霾比较多。北京市委、市政府领导郭金龙、王安顺等非常重视治理雾霾。国务院总理李克强更加关注治理雾霾，在2015年作政府工作报告时，强调治理雾霾的必要性和重要性，下定决心，采取有力措施治理雾霾。在举行记者招待会上，李克强总理再次重申治理雾霾，刻不容缓，在全国营造治理雾霾的氛围。

治理雾霾不能说说而已，不能纸上谈兵，要有科学理论指导，要有可行性政策落实，措施得当，办法有效，才能达到治理雾霾的目的。

治理雾霾，人人有责。要依靠群众，群策群力，防治雾霾，控制和减少污染源，保护绿色环境，使人民群众生活在良好清新的大气环境中，远离雾霾，乐居城乡，幸福安康。为建设社会主义大厦添砖加瓦，贡献自己应有的力量。

2015 年 3 月

大庆年会

2011 年 8 月，全国政策科学研究会在黑龙江省大庆市召开年会。

大庆市在东北"北大荒"，因大庆石油开采工人王进喜被人们称为"铁人"，即"王铁人"而闻名全国。我们为了学习"铁人精神"，推进中国特色社会主义建设，特意选在大庆召开年会。

年会的主题：学习大庆精神，建设中国特色社会主义社会。出席会议的理事代表、专家学者来自全国各地近百人。

参会同志，多数第一次来大庆，他们对大庆石油工人为祖国做出的贡献早有耳闻，非常敬佩。会议期间，既有研讨，又有参观，参观铁人王进喜纪念馆，受到爱国主义教育，获益匪浅。东北"北大荒"也是全国各地青年特别是北方知青支援边疆建设的地方，当年开垦北大荒，北方青年尤其是山东知青来这里较多，有的在这安家落户，娶妻生子，把青春献给祖国，出现了很多传奇式的故事。

东北"北大荒"土地肥沃，是我国的粮仓，至今东北大米还供南方各地和首都北京。在北京，我家吃的大米就是东北大米，比南方大米好吃多了。

年会发给每人记述铁人王进喜的书籍——记载了铁人王进喜生平事迹，其中还记录了大庆石油工人战天斗地的精神和豪言壮语："大庆工人一声吼，地球也要抖三抖""把中国贫油的帽子，扔到太平洋海里去吧"。这些精神，鼓舞了世世代代的石油工人和全国人民，也鼓舞了我们所有参会的同志，使其回到自己的工作岗位，努力工作，为人民、为祖国做出新的更大的贡献。

会议结束后，有的同志去盛产牛奶的完达山学习参观，与当地县委县政府召开座谈会，受到当地领导的欢迎，全国政策研究会副会长周双城，曾是北京知青，在"北大荒"插过队。他为在大庆开年会做了一些筹备工作，为开好这次会尽心尽力，做出一定贡献，至今还和大庆有关人员保持联系。全国政策科学研究会副秘书长林正澄同志也在东北支援过边疆建设，并有一定情感，几乎每年暑期，都会受邀去"北大荒"看望友人。

2011 年 8 月

甘肃敦煌石窟考察

甘肃敦煌石窟是中国著名的古代文化遗产，闻名世界，为国内外旅行游客所仰慕。每年特别是夏季到敦煌参观考察的学者、游客络绎不绝。

我在国务院研究室工作期间，曾和国务院研究室的同志多次到甘肃兰州开会调研，顺便也去敦煌参观考察。敦煌石窟较多，开放给游客可供参观的为数不多，最有代表性的是莫高窟，还有一些其他石窟。敦煌石刻佛像曾被西方一些国家特别是英国人盗走，展览在英国大英博物馆的中国馆。有一年，我代表中国行政管理学会参加国际行政科学年会，到英国大英博物馆参观，看到不少中国古代文物在中国馆展览，吸引了不少研究中国文化的学者和游客。

敦煌夏天不热，风沙不大，是参观石窟的旺季。在这个季节，我曾两次专程

作者在甘肃莫高窟合影

到敦煌参观考察。我在北京师范大学历史系学习时，就对甘肃敦煌石窟文化有所了解，但还缺乏研究。两次亲自去敦煌参观考察，我为中国古代文明被列为世界文化遗产感到自豪。中国文化源远流长，为子孙后代继承发扬，丰富了祖国文化宝库。

我们学习祖国文化遗产，丰富知识，受益匪浅。

2012 年 8 月

到俄罗斯参观

夏季是到俄罗斯旅游较好的季节。一年夏天，我和家人随中国旅行社组织的旅行团赴俄罗斯莫斯科和圣彼得堡游览参观。大约一周时间在俄罗斯西部活动。我们乘机先抵达莫斯科，在导游带领下参观莫斯科市容，莫斯科城被世人最为关注的景点是克里姆林宫、红场和列宁墓。

克里姆林宫是苏联国家领导人斯大林的办公地点。第二次世界大战时期，苏联最高领导人斯大林指挥苏联红军抵御德军，攻克德国首都柏林，又挥师东进，打败日本关东军，和世界反法西斯参与国一道战胜了德日法西斯，所以克里姆林宫成为友好人士敬仰的地方。莫斯科红场是俄罗斯的政治生活中心，重大节日在这里举行阅兵式。2015年庆祝反法西斯胜利七十周年，也在这里举行盛大阅兵式，邀请世界反法西斯所有胜利国参观。

在第二次世界大战时期，希特勒的德国军队曾攻到莫斯科城下，被苏联红军阻挡在莫斯科郊外。斯大林在德军包围莫斯科城时，仍然镇定自若。纪念十月革命时，在红场举行阅兵式，受阅部队走过红场主席台，接受检阅，接着就开赴前线与德国法西斯浴血奋战，最终打败德国法西斯，所以至今红场仍然是苏俄军民纪念胜利的地方。凡去莫斯科旅游的人们都要在这里摄影留念，记下难忘的时刻。

红场前列宁墓也是人们敬仰的地方。原来斯大林墓也在红场，后来其遗体被火化，骨灰埋葬在红场。红场虽是莫斯科中心广场，经常举行盛大活动，但和中国天安门广场相比，天安门广场比莫斯科红场要大得多。

圣彼得堡在苏联十月革命成功后，改称为列宁格勒以示纪念列宁的功勋。1991年苏联解体后，又改回为圣彼得堡。在圣彼得堡，我们首先参观阿芙乐尔巡洋舰，但只在舰前看看，没有上去参观。毛泽东同志曾说"十月革命一声炮响，给中国送来了马克思列宁主义"，这声炮响就是苏联红军攻打沙皇俄国冬宫的炮声，象征着苏联人民革命成功。

参观阿芙乐尔巡洋舰后，我们去了圣彼得堡冬宫，参观冬宫要顺时针而行，不可逆行。由导游和冬宫讲解员介绍情况，我才知道，原来我们入党宣誓时，党员在党旗面前宣誓，就来自于苏联十月革命战争中的苏共党旗。

在第二次世界大战期间，德军曾包围了列宁格勒即现在的圣彼得堡，苏军经过一百天保卫战，使德军没有得逞，随后苏军战略反攻，德军被迫撤离列宁格勒，列宁格勒经过战事洗礼，被称为"英雄城市"。

在第二次世界大战期间，德军入侵苏联，受到苏联红军的顽强抵抗——莫斯科保卫战、列宁格勒保卫战，在苏联卫国战争史上书写了光辉的一页，苏联人民永远怀念与德军作战的英雄。

2013 年 8 月

到江西江色根据地参观

我多次去江西，参观八一南昌起义纪念馆，上井冈山开会，登庐山休假，几乎成了每年必去的地方。两三年前首在华东理工大学博导叶海平教授带领和陪同下，专程到江西当年的红色革命根据地，参观瑞金和赣州。1935年中央苏区在江西瑞金成立苏维埃政府即苏区人民政府，选举毛泽东同志为第一届苏维埃人民政府主席，从此，人民心中的毛委员改称为毛主席。赣州在江西南端，我们坐火车到达赣州参观，回忆了陈毅同志在赣南打游击的情况，背诵大家熟悉的陈毅著名诗句《赣南游击词》。其中"天将晓，队员醒来早。露侵衣被夏犹寒，树间唧唧鸣知了。满身沾野草"的名句，流传至今。

瑞金是革命摇篮，瑞金人民为中国革命做出巨大牺牲和贡献，在中国革命史上，留下了不朽的丰碑，至今为人民所仰慕。

2014 年 8 月

兰州调研

兰州市是甘肃省省会，是中国丝绸之路重要的通道和驿站。我和陈元生同志，曾多次到兰州开会、调研。

兰州是我国西北地区重要城市，国家不少部门在这里召开会议。在国家社会转型时期，1994 年，国家计委在兰州召开发展社会经济研讨会，我代表国务院研究室出席会议。参加会议的专家学者围绕会议主题"发展社会经济问题"展开讨论。我在会前没有准备发言，也就未写发言稿，只好在会议上认真听取专家学者发言，受益匪浅，增长了经济学方面的知识。

研讨会结束后，我和陈元生同志在兰州进行调研和考察。我们沿着欧亚大陆桥中国丝绸之路，即现在的"一带一路"，到达新疆西边的霍尔果斯口岸，了解了边境贸易发展情况和对促进社会经济发展以及中原文化和西域文化交流的意义。

在兰州期间，我们和甘肃省行政学会取得联系，受到常仲智会长和张勤秘书长热情欢迎和接待，并听取了甘肃省行政学会的经验，很有启发。常仲智会长和张勤秘书长还带领我们参观中华民族的母亲河黄河，河边有母亲的石雕像，随我们一起同行的还有国务院办公厅老干部局郭建文局长。

夏季去甘肃兰州，气候宜人，不热不冷，因而这时兰州也成为人们的旅游胜地。旅游者一定会吃名不虚传的兰州拉面和兰州的白兰瓜，兰州还产百合，是润肺的补药。甘肃省行政学会还赠送我一些百合，从此以后，我们回到北京，经常去超市买百合，以润肺滋补。

2012 年 8 月

到台湾旅游

台湾是祖国不可分割的一部分，现有两千三百万人左右。到台湾旅游是一件令人向往的事。在台湾气候宜人的时候，我随中国旅行社到台湾环岛游。从北京到台湾，因旅行团有不在北京居住的外地人，所以不能直航，须经过香港才能到达。

台湾环岛游，要经过台北、台南、高雄、花莲等地参观名胜古迹和风景区，首先游览台湾著名的阿里山日月潭。据考证日月潭面积 9 平方公里，湖周长 35 公里，面积比杭州西湖略大，潭水碧波，湖面辽阔，成为旅游胜地，在此也游览了当年蒋介石、宋美龄居住过的行宫。

参观了日月潭景区之后，到台中市参观中台禅寺，走进大厅，就像进入一座现代化宫殿，哈哈笑的弥勒佛供奉于殿堂中央，背后是手握降魔杵的韦驮菩萨，四大天王分坐四周，他们手中分别拿着"风调""雨顺""国泰""民安"的法器。接着，我们游览了阿里山森林区，沿途都是茂密的森林，空气清新，给人留下美好的印象。然后去游阿里山，因大巴不能开上山，只好在山底下望望，经导游引荐，到一家茶室品尝高山茶，我们一行人还买了一些阿里山高山茶，带回家中品尝。台湾著名歌手奚秀兰一首歌曲，"阿里山的姑娘美如水呀，阿里山的少年壮如山"唱遍台湾和大陆。

离开了阿里山，去游花莲，沿着太平洋海岸前行，这里是台湾东部，海岸线绮丽的风光吸引了游客。台湾有一个绿岛，据说是当年国民党蒋介石流放囚禁施明德、吕秀莲、谢长廷等政治犯的孤岛，这些人后来成为民进党的头面人物，而"绿岛"的绿色也成为民进党的代号，与"蓝色"的国民党相抗争，直至今日。

2012 年 5 月

到印度出席国际行政科学学会年会

印度是世界人口第二大国，与中国比邻，从古时的唐三藏去印度取经的民间交往，到今天习近平主席接见印度总理，中印友谊，源远流长。

印度的首都是新德里，这次的国际行政科学学会年会，是在新德里召开的。中国行政管理学会代表团一行四人，团长由我担任，团员有江苏省政府施绍祥同志、国务院办公厅行政司宋继伟同志，还有中国行政管理学会办公室李珊同志。新德里国际行政科学学会年会会议日程，一天研讨，一天参观，会议结束后自由活动。

我们在印度自由活动期间，也谈不上搞调研，但对印度风土人情有所了解，其真实情况比原来想象得要好。

印度属第三世界，国家贫穷，贫富差距较大，但穷人对富人的财富并不眼红，更没发生劫富济贫的现象，穷人富人仍能和睦相处。印度有一部风靡一时、家喻户晓的电影，名《流浪者》，演绎了一富家女子与贫家子弟谈情说爱的生动

作者于2002年11月率团赴印度参加国际行政科学大会

故事，电影插曲《拉兹之歌》，流行全球，也包括流行到中国。富不贱贫的真挚感情，打动了不少观众，我看这部电影，熟悉这首歌曲，是在大学学习时期，也就是在 19 世纪 50 年代的时候。从此，印度的电影就不断进入中国。

在新中国成立以后，中印边界问题存在分歧，严重时还发生武装冲突。印度军队二战时期常被称作雇佣军，似乎不可一世，但在中印边界冲突时，侵犯中国边界的印度军队被毛泽东指挥的中国军队击退，中国军队在打到中印传统习惯线附近、取得节节胜利的大好形势下，单方面结束行动，并在中印自卫反击战后，将缴获的物资、武器和战俘等交给印方，还从冲突发生前的实际控制线后退 20 公里，这充分表明，我国并不谋求通过战争强行侵占对方的领土，而仅仅是为了反击印度的边境挑衅，取得和平协商解决中印边境争端的时间。这是一段已经过去的历史，不过也没有影响当今的中印友好关系，当然，也没有影响我们在新德里参加国际行政科学学会年会。

中印关系也有愉快的一面，20 世纪 50 年代在印度召开的会议上，当时中印两国的总理，中国总理周恩来印度总理尼赫鲁在印尼雅加达共同倡议，提出了和平共处五项原则，至今还是世界各国处理国际关系共同遵守的原则，对世界各国和平发展做出巨大贡献，具有不可磨灭的伟大历史意义。2015 年习近平主席、李克强总理、张德江委员长分别会见印度现总理莫迪。在印度开会期间，我们看到了印度社会的方方面面，印度没有实行计划生育，一个家庭可以随意生育，我们随处即可看到在马路旁边三五成群围在一起的家庭，生活更为简单，吃印度抓饼、抓饭。我们会议用餐，也吃抓饭、抓饼。

曾有人说，印度脏乱差，不讲卫生，人民生活饥寒交迫，其实也不尽然，我们没有看到要饭要钱的现象。印度地处热带，一年四季根本不需要穿棉衣，没有寒冷的感觉，根本谈不上饥寒交迫，反而给人感觉真有点"夜不闭户，路不拾遗"，也很少发生盗窃事件，起码我们去印度期间没有听说过。

2012 年 11 月

登五岳名山

中华大地有五岳名山——东岳泰山，西岳华山，南岳衡山，北岳恒山，中岳嵩山。北岳恒山在山西省浑源县，浑源县还有悬空寺；南岳衡山在湖南省；东岳泰山在山东省泰安市；西岳华山在陕西省；中岳嵩山在河南省登封市。

四十多岁登泰山。为筹备成立中国行政管理学会，我随时任民政部副部长、中国行政管理学会筹备组组长的焦善民同志和他秘书到山东济南等地调研，调研任务完成后，我在山东省体校一位年轻人陪同下，第一次登泰山。清晨五点开始，从泰山脚下登山，不到上午十点登上泰山山顶，一览众山小，领略祖国大好河山。观泰山后，我们快步下山，当日中午赶回济南宾馆，大家对我登泰山安全返回感到欣慰，说说笑笑，笑谈和赞扬我不惑之年登上泰山，值得回忆。中餐后，我们乘火车返回北京，到家后我全身酸痛，下床走路有点不适，休息了几天身体才恢复到原来状态。

与国研室老干部一起登华山。我们一行赴陕西延安参观学习，途经西安，参观了骊山脚下兵马俑、华清池。大家乘索道登上华山，华山峻险，绝岩峭壁。"自古华山一条路"，中央电影制片厂还拍摄了电影《智取华山》，看了电影就看到了华山全貌。我们这些老同志亲自登上华山，目睹华山雄姿，感到自豪，留下十分深刻的印象。

在中国历史博物馆工作期间，我曾参加国家文物局在河南省登封市召

作者夫妇在西岳华山留影

开的文物工作会议。会议结束后，参会人员参观了中岳嵩山，一行人兴致勃勃地登上嵩山，观看山上少林寺和尚练功表演，中央电影制片厂还拍了一部电影《少林寺》，流传至今。

在湖南地区调研时，由湖南省政府研究室领导同志陪同登上坐落在湖南的衡山。衡山不像华山那么雄伟，也不像泰山那么知名，但仍是中华文化中的一座名山。"山不在高，有仙则灵"。

北岳恒山在我的老家山西省，由山西省政府研究室领导同志在一年的夏季陪同参观。随后还上了五台山，五台山又称清凉山，夏季在此一游，可以达到避暑的功效。我在五台山同山上的和尚吃了一天素食斋饭，随即回家乡大同市探望亲朋好友，多年未见，格外亲切。

2014 年 5 月

丹东年会

丹东市在东北辽宁省东部，隔江（鸭绿江）与朝鲜新义州市相望，丹东市是东北地区的交通枢纽，是东北新的出海口，在中国现代史上具有一定历史地位和意义。1950年美帝国主义打着联合国旗号纠集16个国家，悍然发动侵朝战争，气势汹汹地打到中朝鸭绿江边。当时毛泽东主席和党中央洞察一切，明察秋毫，统一党内思想，教育全国人民理解"唇亡齿寒，丧权误国"的道理，应朝鲜政府首相、朝鲜人民军总司令金日成的请求，毅然决然出兵援朝，组成中国志愿军，在彭德怀元帅的率领下，背负着人民的希望，"雄赳赳，气昂昂，跨过鸭绿江，打败美国野心狼"。经过中朝人民的浴血奋战，于1953年迫使美国在开城谈判桌上签订停战协定，以"三八线"为界，奠定了朝韩国界线，直至今日，仍然维持现状。

2009年，全国政策科学研究会选定这座有历史意义的城市，召开了全国政策科学研究会年会，主题是："转变政府职能，构建服务型政府"。

参会理事代表、专家、学者围绕年会主题进行研讨，大家畅所欲言，各抒己见，建言献策，供有关领导参考。

研讨会结束后，组织与会理事代表、专家、学者，参观丹东市抗美援朝纪念馆。大家认真听取讲解员解说，受到爱国主义教育，受益匪浅。部分理事代表还兴致勃勃地从丹东市跨过鸭绿江到朝鲜参观，当日返回，收获颇多。朝鲜人民高度的组织性和纪律性以及良好的清洁卫生生活习惯给大家留下了深刻印象。

我数年前从大连乘飞机到达朝鲜首都平壤市旅游，在平壤市的宾馆吃住，房间异常干净，吃饭比较清淡。休息一夜后第二天一早乘车到达"三八线"上的开城特级市，参观了中朝美停战协定签字的地方，还看到朝鲜、韩国分界线上执勤的朝鲜人民军和美国韩国的岗哨，他们的展示各异。

2009年8月

赴西藏拉萨祝贺西藏自治区行政管理学会成立

1998 年 11 月，西藏自治区行政管理学会筹备组向中国行政管理学会发出邀请，希望派代表团参加西藏自治区行政管理学会成立大会。当时，正逢中国行政管理学会 1998 年年会，经研究，决定派代表团赴拉萨参加西藏自治区行政管理学会成立大会，以示祝贺。

据说内地人去西藏比出国还难。出国办好护照便可出行，问题不大。可是去西藏，因高原气候影响，天高云淡，缺少氧气，虽无须护照，但必须具备一个好身体，生病则急需离开西藏，否则有生命危险。故此，不少人不敢轻易去西藏。

中国行政管理学会领导经筛选，主要是体检合格，组成了赴藏参会代表团，由四人组成：中国行政管理学会一人，江苏省行政管理学会两人，内蒙古自治区行政管理学会一人。具体人员是：中国行政管理学会武树帜任团长，江苏行政管

作者在西藏拉萨市留影

理学会施绍祥、秘书吴燕（女同志），内蒙古自治区行政管理学会张文萍（女同志）为团员。1998年11月大家在北京组团，经过学习和准备，代表团一行四人于1998年冬季赴西藏。

　　一般情况下，夏季赴西藏，正是旅游季节，当地天高气爽，气候宜人，赴藏者心情舒畅愉快。冬季去西藏，比较寒冷，容易发生问题。我们因西藏自治区行政管理学会决定此时成立，不可改变时间，买好机票，经四川成都稍事休息飞抵西藏拉萨。

　　下机后，西藏自治区派接待人员迎接，并按照藏族礼节，为每人献上银白色哈达，并嘱咐我们第一次来西藏，因不适应当地气候环境，行动一定要注意"三慢"：走路要慢，说话要慢，吃饭也要慢。我刚下飞机，乘车到达驻地，自己觉得一路没有什么不舒服的感觉，就不亦乐乎，忘乎所以。吃饭前，麻痹大意，毫不在乎，健步走向宾馆餐厅，吃饭时倒很注意，不多说话。西藏自治区行政管理学会领导设便宴招待，饭间东道主介绍情况，有说有笑，我的表现也还正常。饭后回到宾馆房间。就寝时，我开始头痛，吸氧气也不见效，长时不能入睡，但总的高原反应问题不算太大。第二天，西藏自治区行政管理学会领导安排我们一行四人休息一天。我们团员有的因不适应，生病发烧请医生看病治疗；有的也和我一样，觉得头痛，休息一天过去，总体情况大家都能正常工作。第二天上午，西藏自治区行政管理学会正式成立。我们一行四人按时出席，我代表中国行政管理学会致辞祝贺。致辞时，我遵嘱有意压低声音，不敢大声宣读，成立会开得简短有序，会议东道主对我们的祝贺表示衷心感谢。会后，西藏自治区行政管理学会领导安排我们参观游览拉萨市容，看了3800米高的布达拉宫和松赞干布像、文成公主像、大昭寺，并在八角街观光购物。我买了一个洗脸钢盆，一直用到今天，还买了一个西藏布达拉宫铜纪念牌，保存至今。由于时间关系，我们没有参观据称为西藏江南的林芝和地处西藏高原较高海拔的日喀则，成为这次赴藏与会考察的一大遗憾。因为，此后再无机会去西藏了。

1998 年 11 月

2001年哈尔滨市全国政策科学研究会年会

　　2001年8月全国政策科学研究会年会在黑龙江省哈尔滨市哈尔滨飞机制造厂召开。会议由全国政策科学研究会主办，由哈尔滨飞机制造厂承办，会议筹备组由全国政策科学研究会武树帜同志和哈尔滨飞机制造厂裴文惠、井孝平、郭振威等同志组成。

　　出席这次年会的理事代表约120多人，是历届年会出席人数较多的一次。会议主题是"简政放权、改革政府和企业行政管理"。会期一天，上午是会议开幕式，下午是研讨会，代表积极发言、献计献策，讨论热烈、交流经验，大家感到不虚此行、受益匪浅。会议期间参观了抗日战争时期日军731部队在东北的细菌实验基地，了解了中国人民抗击日军的战斗历史，倍受教育。会后组织学习考察，不少理事代表自愿参观俄罗斯东部海参崴军事基地。

　　稍后少数代表参观哈尔滨市附近的镜泊湖，欣赏湖光风景。镜泊湖45公里长，面积90平方公里，湖水清平如镜，环境宜人。叶剑英元帅曾作诗题词曰："山上平湖水上山，北国风光胜江南"，使人耳目一新。

　　哈尔滨会议圆满完成，裴文惠同志做了大量工作，办会效果很好，使会议理事代表非常满意。此后，裴文惠书记由全国政策科学研究会常务理事晋升为副会长，连任至今，亦成为我的真诚好友。

2001年8月

观东坡赤壁

　　"故人西辞黄鹤楼，烟花三月下扬州"。2015年三月春暖花开季节，我和亲朋好友一行四人参观完黄鹤楼，到鄂州调研，渡过长江，专程去观东坡赤壁。在苏东坡纪念馆，我买了一幅东坡赤壁赋墨迹贴片，欣赏苏东坡文笔，讲解员用清晰的语言，诵读苏东坡的《念奴娇·赤壁怀古》：大江东去，浪淘尽，千古风流人物。故垒西边，人道是，三国周郎赤壁。乱石穿空，惊涛拍岸，卷起千堆雪。江山如画，一时多少豪杰。遥想公瑾当年，小乔初嫁了，雄姿英发。羽扇纶巾，谈笑间，墙橹灰飞烟灭。故国神游，多情应笑我，早生华发。人生如梦，一尊还酹江月。这首名词，大学中文系的学生，几乎都能全文背诵。我在北师大历史系学习时也背诵过，至今没有忘记。因此，在湖北调研时，特意到东坡赤壁，重温这首闻名于世的《念奴娇·赤壁怀古》。

　　学习苏东坡的《念奴娇·赤壁怀古》，可以提高阅读古文的水平。因此，在大学学习中国古代文学史，都要熟读这首绝笔佳句，据传毛泽东同志也喜欢这首《念奴娇·赤壁怀古》，并挥毫抄录，练习书法。

2015 年 3 月

海南年会

全国政策科学研究会曾两次在海南省海口市召开会议。2002 年海南会议的主题是研讨国有大企业建设与发展，2004 年海南会议的主题是创新发展海南旅游经济。

全国政策科学研究会 2002 年首次在海口召开企业理事研讨会，参加会议的企业 30 多家，理事、代表约 40 人；2004 年年会由海南（中国）改革研究院承办，院长迟福林是全国政协委员，出席会议的理事代表是来自全国各地的政府部门工作人员和大专院校的专家学者、博导教授，文化品位较高。

企业是发展工业经济和国民经济的重要支柱，我国国有大企业职工是中国产业工人重要组成部分，新中国成立前参加新民主主义革命和新中国成立后参加社会主义建设都是不可缺少的重要力量，他们为革命为建设都做出了不朽的贡献。

发展国有企业，对国计民生和改善人民生活都具有重大意义。海口研讨会是全国政策科学研究会第一次关注企业建设和发展，引起与会企业理事的兴趣和参会热情。在研讨会上大家畅所欲言，纷纷提出宝贵意见，并相互交流企业建设和发展的经验，供有关部门领导研究参考。

在中国特色社会主义理论指导下，建设和发展企业，促进经济社会稳中求进，社会和谐稳定，为实现我国社会主义现代化，全面构建中国特色社会主义小康社会作出新的更大贡献。

作者夫妇在海南留影

2004 年全国政策科学研究会在海南省海南（中国）改革发展研究院召开年会。会议由（中国）海南改革发展研究院承办，研讨会开始，中改院迟福林院长致欢迎词，介绍海南改革发展情况，他对创新发展海南旅游经济有独到见解，曾多次在全国政协会议提出建议，并被采纳。现在海南岛已成为国际旅游岛，每年中外旅游者络绎不绝，特别是每年春节期间，气候宜人，是众多人向往的地方，国内旅客甚多，有不少游客还去海南岛买房居住，特别是东北人，成为"候鸟"，夏季去东北生活，冬季去海南岛避寒，健康愉快，其乐无穷。

研讨会结束后，理事代表、专家学者自愿参观考察海南旅游事业。大家踏上海南岛五指山，在五指山中间的兴隆县留宿，然后到三亚市考察，走到中国最南端"天涯海角"拍照留念，留下了深刻美好的印象，流连忘返之情油然而生。我也曾经和朋友多次去过海南，休闲度假，今后如有机会，还愿去此地一游。

2004 年 3 月

弘扬南街红色文化

2015 年 3 月 31 日，我和全国政策科学研究会常务副秘书长冀庆茂、中国干部网办公室吴东风主任等，一行四人到河南省漯河市南街村考察。进入南街村，首先到会议室听取南街村党支部书纪张宏斌全面而简短的介绍，吸引了一批批到南街参观的同志。

我们在导游的带领下，用一上午时间，参观了南街全村，并入户进街访问。

南街村一片红色氛围，马恩列斯巨幅画系展示在全村四周，毛主席塑像屹立在中央。南街村群众在党支部的领导下，高举中国特色社会主义伟大旗帜，沿着社会主义的阳光大道，改天换地建设中国特色社会主义新农村，过着按劳分配和按需供给相结合的集体化生活。吃饭、住房不花钱，完全由村里负担，新房建成后，村民按人口分配，三口以上的家庭分配三室一厅，三口以下的家庭分配两室一厅，村民只需带着行李即可入住。

教育从小学到中学一律免费，如考入大学还给一定补助，人们都过着无忧无虑的生活。导游陪我们参观非常感慨地说她从来不为家人生活操心，当然，也包括她自己。

南街村对毛泽东主席十分敬佩，每天早上高奏《东方红》乐曲，我们还听中央电台著名播音员夏青在不停地播送中央新闻，弘扬南街红色文化。南街村，名扬中外，不少中外人士慕名到此参观访问，并通过传媒作了连篇累牍的报到，引起国内外的关注。每天到南街村参观、旅游的人络绎不绝。

南街红色文化，富有特点，用毛泽东思想育人，教育村民遵纪守法，教育干部全心全意为人民服务，将自己的一切贡献给党的事业。

南街人学习先进文化思想，思想境界很高，过着路不拾遗、夜不闭户的生活，没有一户装防盗门，户户都是家和万事兴。南街村还办了不少村办工厂，生产生活所需产品，并远销国内外。他们生产的南街牌方便面，打入北京市场，参观游客可以随意品尝，有的参观旅游客人还特意买些方便面，带回食用。参观漯河南街，确实受益匪浅，不虚此行。

2015 年 3 月

祝贺中国名医一万家编委会成立

1999 年 5 月 18 日中国名医一万家编委会在北京人民大会堂召开成立大会。我和青年学者绿风应邀出席，到会祝贺。中国名医一万家，包括中西名医和专家。中国医学源远流长，古代就有名医扁鹊、华佗、张仲景、李时珍等，发展到今天，中西名医不计其数，救死扶伤。医生、大夫是百姓生活中不可缺少的重要"医（依）托"，也是解除病人的痛苦，受人尊重高尚的职业。

中国名医一万家编委会成立，主旨是收集一万家名医著作，编辑成册，流芳传世，普济众生。所以，在中国名医一万家编委会成立大会，参会人员每人获赠一个茶杯，称"悬壶济世杯"，我保存至今。现在每天早上杯中泡水吃茶，一直喝到晚上。中国名医一万家编委会将名医著作精华继承发扬，发展祖国医学事业，传世济世，为百姓排忧解难，为社会做出贡献，值得人民传承纪念。我们能参加这种高品位会议，对增长健康知识，注意养生，保持健康身体，使生活幸福安康，具有重要意义。

1999 年 5 月

怎样才是个好领导

在国有企业（在 1993 年 3 月八届人大一次会议通过的宪法修正案中，"国营企业"的提法被"国有企业"取代），什么样的领导是一个好领导？是不是给职工谋福利越多、发钱和实物越多就是好领导？这是当前城市经济改革中实行企业扩权、搞活后需要正确回答的一个实际问题。

在资本主义社会，国家代表资产阶级利益，企业领导的一切经营活动代表资产阶级利益，这是由资本主义私人占有制的性质决定的。在我国社会主义条件下，国有企业属于全民所有，国家代表人民利益，国有企业的领导，无论是国家委派的还是职工选举或聘用的，都应是经过国家任命和批准的，他们的经营活动理所当然地首先应该对国家负责，在任何时候、任何条件下、都必须维护国家的利益，维护消费者的利益。这是毫无疑问的，也是在改革中需要肯定、坚持的。

但是，在城市的经济改革进一步深入，当国有企业所有权同经营权刚刚开始适当分开，领导在服从国家计划和管理的前提下，拥有一定的人、财、物、产、供、销大权的时候，一些领导由于对中央关于改革的方针、政策领会不够，认识不清，趁国家行政管理的新制度、新办法还不够完善之机，在处理国家、集体、个人三者利益的关系时，过分热衷于追求本位和职工的利益，忘记甚至损害国家利益，错误地运用"有权自行决定工资奖励方式，有权在国家允许的范围内确定本企业产品的价格"的权力，滥涨价格，滥发奖金、滥发实物，冲击市场。这样的国有企业领导能算是好领导吗？

邓小平同志曾强调指出："中国搞四个现代化，要老老实实地艰苦创业。""我们只能在发展生产的基础上逐步改善生活。发展生产，而不改善生活是不对的；同样，不发展生产，要改善生活，也是不对的，而且是不可能的。"所以，我们评价一个领导是不是好领导，首先要看他能不能顾全大局，以国家利益为重，艰苦创业，发展生产，是不是用真功夫、真本事改善经营管理，提高经济效益。那种不懂生产，不善管理，不讲政策，经营无方，上台许愿，只能发钱的领导，不是具有开拓精神的好领导。

　　现在，国有企业实行自主经营的领导，特别是经过工人选举产生的领导，可以说有三重身份：他既受国家委托，应该代表和维护国家的利益，又是全权经营管理企业的负责人，还是职工利益的代表者。兼顾国家、企业和职工三者利益关系是领导应尽的职责。但是这三者有主有次，国家利益代表了全体人民的利益，是第一位的，因此，作为国有企业的领导，在国家、企业、职工三者利益发生矛盾时，首先要确保和维护国家利益。这样的领导应该也一定会得到群众的信赖。

　　我国实行的是坚持公有制为主体、多种所有制经济共同发展的社会主义市场经济体制。我们要大力发展商品生产和商品流通。价值观念、利润原则，对企业的生产和经营起着相当大的作用。列宁曾经指出：国营企业自主经营，实行所谓经济核算，"这在实际上等于国营企业在相当程度上实行商业原则"。在一定的时期内，这种形式即使不是唯一的，也必定会是主要的。既然要使我们已经社会化的国有企业由生产型向经营型转变，既然要使每个国有企业在提高劳动生产率的基础上不但不亏损而且能够盈利，那么作为一个领导学会赚钱，就是理所应当的事情了。也可以坦率地简单地来讲，为国家赚的钱越多越是好领导。但是，我们的国有企业和集体企业都是社会主义性质的，其生产和经营的最终目的与资本家根本不同。资本家实行的商业原则是唯利是图，可以不择手段，甚至以次充好，买空卖空，骗取钱财，扩大私有资本；而我们企业生产经营的根本目的是为国家多做贡献和满足人民不断增长的物质和文化需要。因此，作为一个国有企业的领导，在经营管理企业时，不能只讲钱，用多发奖金、多发钱物调动职工积极性；还要用有理想、有道德、有文化、有纪律，用全局观点、国家观念教育职工。现在我们许多国有企业的领导在对内搞活经济，对外实行开放的新形势下，提出了守约（遵守国家的政策、法律和履行合同）、信用（信誉第一、用户第一）、重义（不见利忘义）、薄利（不违法牟取暴利）的口号。个人以为，一个领导如能带领所有职工做到这八个字，就可以算是一位好领导了。

2015 年 9 月

宴请想到周恩来

吃喝风的蔓延，引起人民群众的不满，也引出一些有识之士对于改革的各种设想。其实，我们党和国家为了制止大吃大喝，对于不同规格的宴请是有明确规定的。党和国家领导人以及大部分领导干部，在这方面也是遵守制度的模范。早在新中国成立初期，周恩来总理就对宴席改革提出过很好的方案，并且身体力行。重温周恩来有关宴席改革的思想，对于在新的形势下制止大吃大喝，提倡勤俭建国、艰苦奋斗，具有重要意义。

周恩来对于宴席的改革，概括起来就是：坚持标准，要有特色，体现形象，公私分明。坚持标准是指，公务活动宴请宾客，一律四菜一汤，两荤两素，吃饱吃好，有益健康，不铺张，不浪费。周恩来到外地工作，只吃一菜一汤，而且吃得很干净，生怕吃不光浪费掉了。他到工厂、农村和基层单位调查研究，经常同群众一起吃饭，一起交谈。当地的同志看到总理那么辛劳，总想热情款待。但是周总理总是向大家说："我们都是自家人，要像平日一样，不要摆宴席铺张浪费。"

要有特色，是指不追求美味佳肴，特别是接待外宾的宴席，要一律用国货，到了地方，要有地方特色。1973 年 9 月 15 日，周恩来陪同法国总统蓬皮杜到山西大同市参观。宴会上不摆山珍海味，吃的是大同当地产的高粱米粥、鸡蛋和土豆片。总理和外宾都吃得很香、很满意。为此，周总理还当面表扬了大同市的接待同志。

体现形象，是指宴席水平不在于丰盛，而在于文明。浪费并非是大方，奢侈并非是慷慨。大吃大喝，奢侈浪费，不仅不利于身体健康，而且有损于国家形象。周恩来一直提倡宴席桌上也要体现我们艰苦奋斗的国风。延安是中华民族圣地，曾接待大量外宾，周恩来多次指示，接待外宾一定要体现艰苦奋斗精神，切忌铺张华丽。

公私分明，是指公家请客，注意节俭；私人请客，自己付钱。这是周恩来的一贯要求，而且带头垂范，严于律己，决不允许假公济私。凡以他个人名义请客，一律由自己掏钱，即使当面不收，过后也要交代工作人员，按价如数补交。宴请友人，丰俭适度，是一种文明。大吃大喝，混吃昏睡，是一种愚昧，甚或是野蛮。大吃大喝与宴席标准有关，更与文明程度有关，与风气有关。如今在一些吃喝风盛行的地方，宴席的档次越来越高，而且相互攀比，追求丰盛，其豪华、奢侈程度已令人咋舌。中央曾三令五申提倡勤俭节约、制止大吃大喝。有要求，有制度，关键在于是否按规定办，特别是领导干部是否按规定办。

时代在前进，生活水平在提高，国际交往日益频繁，不同场合不同规格的宴请方式和内容，也日益丰富多彩。回忆新中国成立初期周总理有关宴席改革的思路，是为了继承和发扬艰苦奋斗的传统，从中受到启发和借鉴。

现在人们在认识上有个误区，总认为宴请如果提倡节俭，客人会因为简单而不满意。其实，客人满意不满意，不取决于肴馔的丰俭，而在于主人的情意。《南史·齐武陵昭王晔传》有一段故事：王晔设食留客，"盘中菘菜鲲鱼而已"，但贵客"俭重其率真，为饱食尽欢而去"。可见率真的情意，比丰盛的肴馔重要得多。能够说明这个道理的例子，古代不少，现代同样很多，敬爱的周恩来总理就是其中的典型。

2015 年 9 月

推荐一本好书

由张莹、郑万城主编，古吴轩出版社出版的《县级行政管理研究与实践》，是一本好书。吴江区行政管理学会是全国第一家县级行政管理学会。十年来，该学会以为人民服务和服务社会为宗旨，紧紧围绕区委、区政府中心工作，积极开展学术研究活动，取得了可喜的成绩和明显的社会效益，也积累了丰富的工作经验。在此基础上，他们善于总结，著书立说，编写出了具有一定水平的《县级行政管理研究与实践》一书，为全国县级行政管理学会健康发展提供了学习借鉴的宝贵材料，值得庆贺。江苏省苏州市吴江区行政管理学会十年来，在上级政府部门和苏州市行政管理学会的正确领导下和全体理事、专家学者的大力支持下，开创了创新发展新局面。

江苏省苏州市吴江区行政管理学会全体工作人员谦虚谨慎，努力学习借鉴兄弟学会的经验，充分发挥理事、专家学者的作用，深入实际，深入群众，积极工作，创新发展，开展重点调研和课题研究工作，组织专题研讨活动，推进行政管理经验交流，举办行政管理理论讲座，推广现代行政管理理念和知识等种种有益活动，成效显著，提高了吴江区行政管理学会的知名度，为发展行政管理科学做出了贡献，在行政学界占有一定地位，而且在全国县级行政管理学会中名列前茅。

在纪念吴江区行政管理学会成立十周年之际，回顾往事，展望未来，大家都充满信心和希望，希望吴江区行政管理学会今后发展得更健康。相信吴江区行政管理学会在上级有关部门领导下，深入落实和实践科学发展观，认真贯彻执行党的十八大精神，加强学会自身建设，坚持正确方向，不断取得新成绩。

2013 年 5 月

上井冈山朝拜革命圣地

井冈山位于江西省吉安市井冈山市，是全国红色旅游景区、世界生物圈保护区。

井冈山地处湘、赣边界，罗霄山脉中段，地势险要，易守难攻，是中国工农红军创建的重要革命根据地。1927—1930 年，湘赣边界形成"工农武装割据"的态势，井冈山境内曾设"新遂边陲特别区"，直属湘赣边界工农政府领导，1950 年成立井冈山特区。1959 年经国务院批准成立"井冈山管理局"，属江西省人民委员会直接领导，1981 年改为"井冈山县"，由吉安地区管辖，1984 年经国务院批准设"井冈山市"，景区划归井冈山市管辖。

井冈山和创建井冈山革命根据地开展对敌斗争，在中国革命历史上占有重要一页。在土地革命时期，毛泽东（毛委员）领导湘赣人民，粉碎蒋介石国民党军队多次围剿，革命星星之火变成燎原之势，著名朱（德）毛（泽东）会师壮大了人民工农武装，红军发展到三四十万人，开辟了"以农村包围城市，武装夺取政权"的具有中国革命特色的革命道路。井冈山被誉为"中国革命摇篮"，中华人民共和国奠基石，成了在中国人民历程中建功立业的光辉支柱。井冈山人民革命斗争在《毛泽东选集》有专门论述，在天安门广场屹立的人民英雄纪念碑永垂不朽。

1996 年我退休后，在中国行政管理学会任副会长工作期间，曾几次带领学会工作人员，上井冈山革命圣地参观学习，并在井冈山召开过一次中国行政管理学会年会，参加会议的有全国各地的理事代表，研讨继承革命传统，坚持为人民服务宗旨，改革政府行政管理，提高工作效率，使人民群众满意。

井冈山可供参观学习的名胜景点众多，分为八大类：峰峦、山石、瀑布等。我们在井冈山学习期间，慕名参观了一些著名景点，如大小三井、茨坪、黄洋界、井冈山革命烈士陵园，一些参会的理事代表在革命烈士陵前留影，以示祭奠。离开井冈山时，大家吃了一碗红薯米饭，喝了一碗南瓜汤，实地体验了井冈山革命时期红军的艰苦岁月。井冈山风景名胜区还是中国百家爱国主义教育示范基地和中国十佳优秀社会教育基地，教育世世代代青年人继承光荣革命传统。

毛泽东诗词中描写过井冈山革命斗争的诗篇不在少数，脍炙人口。

西江月·井冈山

山下旌旗在望，山头鼓角相闻。

敌军围困万千重，我自岿然不动。

早已森严壁垒，更加重志成城。

黄洋界上炮声隆，报道敌军宵遁。

水调歌头·重上井冈山

久有凌云志，重上井冈山。

千里来寻故地，旧貌变新颜。

到处莺歌燕舞，更有潺潺流水，高路入云端。

过了黄河界，险处不须看。

风雷动、旌旗奋、是人寰。

三十八年过去，弹指一挥间。

可上九天揽月，可下五洋捉鳖，谈笑凯歌还。

世上无难事，只要肯登攀。

2009 年 9 月

去韩国旅行

在 1951 年—1953 年中朝人民抗美援朝时期，朝鲜人民军和中国人民志愿军打败了美国侵略者打着联合国旗号纠集的十六国雇佣军，把以美国为首的侵略军打过"三八线"，经过朝中韩美开城谈判，美国被迫在双方停战协定上签字，决定以"三八线"为界。"三八线"以北为朝鲜人民共和国，"三八线"以南为大韩民国。

几年前，我应邀从大连乘飞机抵达朝鲜人民共和国首都平壤，在朝鲜旅行，几年后，又从此地出发，乘飞机抵达韩国，到首都首尔（原来称汉城）旅行。

朝鲜半岛统一时期，全朝鲜号称"三千里江山，三千万同胞"，南北分离后，朝鲜人民曾被誉为能歌善舞，热情好客；韩国因受西方文化影响，比较松散，自由散漫。

到韩国旅行，因地域不大，无须一天换一个地方，带的行李、包裹，一直在下榻的宾馆存放，减少了不少麻烦。

到韩国旅行，就住宿在首尔，每天早出晚归，中午在外面吃韩国泡菜、朝鲜冷面，觉得新鲜。韩国旅行，比较简短，从首尔出发，先去风景区济州岛留宿一天，看了济州岛全景，第二天到仁川，是美国发动侵朝战争、派军队登陆的地方。接着去韩国北边的"三八线"，从南往北看，可以看到朝鲜。在首尔活动时，参观了泡菜腌制厂，我们一行四户八人，都买了一些泡菜，带回家中。从此我们一家也学会了吃泡菜，直到今日，还在菜市场买泡菜食用。

到韩国旅行，虽没有几天时间，但留下的印象不错。然而，再有机会，也不愿再去韩国旅行了，因为这里没有什么留恋，从饮食习惯到日常生活，还是自己的国家好。

2009 年 5 月

庐山行记

庐山名称最早来源于古代一种传说：一些外星客到庐山寻道求仙，世人把这个求仙寻道的地方美化为"精神之庐"，到了宋朝改称为庐山。

庐山坐落在江西，是一座历史悠久的文化名山，千百年来无数文人墨客、名人志士在此留下浩如烟海的丹青墨迹和脍炙人口的篇章，毛泽东主席在庐山写的"天生一个仙人洞，无限风光在险峰"就是情景交融、名扬四海的绝句。诗人陶渊明一生以庐山为背景，进行创作，开创了田园诗风，影响了以后的整个中国诗坛。唐代诗人李白五次游历庐山，留下了不少描绘庐山的诗歌。他的《望庐山瀑布》同庐山瀑布千古长流，在华夏大地及海外华人中家喻户晓，成为中国古代诗歌的极品。宋代诗人苏轼的佳句"不识庐山真面目，只缘身在此山中"，成为流传广泛，影响深远，充满辩证哲理的名句。陶渊明以庐山文化名山为背景创作《桃花源记》洋溢着理想主义的光辉。毛泽东写的仙人洞传是吕洞宾修仙而居的仙人洞，均是诗景交融、名扬四海的绝境。庐山美景，名扬世界，吸引了海内外游客登顶，夏天消暑，冬天赏雪。庐山不仅是风景区和文化圣地，而且还具有重要的政治作用及其历史意义。

国民党时期，庐山成为其"夏都"。1985 年起，庐山有英、美、俄、法、德二十余国建造的别墅群，成了中外著名的避暑胜地，同时庐山建造了大量的外国教堂、银行、商店、学校、医院以及市政议会等，成为西方文化影响中国腹地的独特代表。

1937 年夏，周恩来两度上庐山，与蒋介石谈判，提出了《中共中央为公布国共合作宣言》，促成了国共合作抗日，开辟了世界反法西斯主战场之一的中国战场。1937 年 7 月 17 日，蒋介石在庐山发表有关抗日战争的重要谈话：人不分男女，地不分南北，一致对外，打败日本。1959 年 7 月 8 日、1961 年 8 月 9 日、1970 年 8 月 9 日中共中央在庐山举行了对中国社会主义建设具有重大意义的三次会议，总结了社会主义建设的经验教训。

1959 年—1961 年毛泽东写了《登庐山》等两首专为赞颂庐山的雄伟秀丽和

历史文化的壮丽诗篇。

　　1980 年上映的电影《庐山恋》是一部以庐山为背景的风景抒情故事片，也是"文化大革命"结束后我国首部以爱情为主的电影。影片很好地展示了庐山的风光，而且造就了男女主角郭凯敏和张瑜的名气，被誉为"中国银幕一吻"，而其女主角张瑜谈论当中所换的 43 套服装更为经典。为此，在庐山还专门修了一座电影院，定名为"庐山恋电影院"，坚持天天重复放映该片，至今为止从未间断，被列入吉尼斯世界纪录，称其为世界上在"同一个影院放映次数最多的影片"。《庐山恋》和庐山恋电影院也成为庐山的新象征。

　　我在 1996 年退休以后，到中国行政管理学会任副会长时期曾有机会和学会的工作人员到庐山避暑，在庐山举行学会理事培训班，学习行政管理知识。1997 年 7 月在庐山举办地方政府行政管理研讨会。2000 年 7 月我和爱人登上庐山，于毛泽东同志在此留影的纪念碑前合影，拍了一组庐山留念照片，保存至今，成为具有意义的留念。

2000 年 7 月

科学家崔琦

崔琦获得 1998 年诺贝尔物理奖，闻名世界，国人高兴。崔琦是第六位获得诺贝尔奖的华裔科学家。

崔琦获得殊荣，是历尽艰辛、锲而不舍、努力奋斗的结果。

家境贫寒，才华出众

崔琦 1939 年出生于河南省宝丰县一个一穷二白的乡下，当时乡中连一间学校都没有，上学在那种地方似乎是一件奢侈的事情。他父母眼看养不饱一家人，就让大女儿带了排行最小的崔琦远奔香港，留下中间三个女儿。崔琦到香港后，一入学就念小学六年级，据说当时也不觉得有什么困难，可能是小时读私塾的"四书五经"教育，打下了一点学习基础。崔琦求学的费用完全靠奖学金维持。在香港培正中学读书时，他学习物理就很执着。当年香港的老师对他的评语是："热诚有礼""勇于服务"。在校期间，他每年都取得成绩优异奖。据崔琦中学的同学回忆，他是文武全才，对很多事物都感兴趣，"不但物理成绩突出，中文、化学和生物的成绩都相当好"。1957 年从培正中学毕业，在香港完成高中教育之后，1958 年 19 岁的崔琦以优异的成绩获得留美奖学金资助，到了美国伊利诺伊州奥古斯塔纳学院学习，那时全校只有他一名华裔学生。不久又到美国芝加哥大学就读，攻读物理博士。接着又进入位于新泽西的贝尔实验室做研究，最后进入普林斯顿大学执教至今。从河南到香港，从香港到美国，崔琦面对困难，历尽挫折，然而都一一尽力克服。直到在芝加哥大学跟随史达克教授，才开始了他对物理的特别喜好。个中原因，是那位教授令他对物理无限投入。后来崔琦又在贝尔研究室跟随罗威尔教授，更令他感到物理趣味盎然。

假如得诺贝尔奖要归功于某人，那么他感到人际关爱、照应非常重要。所以他又将这个殊荣与成就归功于他一生中遇到的所有关爱他的人。崔琦尤其对香港有特殊的感情,他最近在香港坦言:"香港对我很特别,依中国的讲法,是家"。崔琦视香港为家,香港人一直视他为自己人,崔琦获得诺贝尔奖,香港人为之自豪,并称他为"香港之光"。

量子流体现象的发现,开创了现代物理新时代

崔琦于 1967 年在芝加哥大学获得物理学博士学位,1968 年起,进入著名的贝尔实验室工作了 13 年,1982 年开始在新泽西州普林斯顿大学电子工程系任教。1984 年当选为美国国家科学院院士。崔琦的主要研究方向为薄膜电子特征、半导体微观结构和固体物理学等。

1998 年,崔琦与美国斯坦福大学的罗伯特·劳克林及哥伦比亚大学的霍斯特·施特默发现原子粒子有液态流动的行为模式,以及电子群在低温的强大磁场下能形成新形态的粒子,因此获得 1998 年诺贝尔物理奖。崔琦的物理研究结果仍需要一段时日才能应用于商业科技生产。他说:"我还没有资格去提如何应用这个新理论。但它是客观存在的,量子物理的电子有其新的特性。"

崔琦他们的这一研究工作源于对 1897 年一位名叫埃德温·霍尔的学生的发现而展开的。这位学生发现,当把一个金片放进一个磁场并使其同磁场的表面成一定的角度时,电流的流动会呈现某种特殊形式。这种现象被后人称为"霍尔效应"。人们可以借助"霍尔效应"的原理测试导体和半导体的电流密度,从而成为实验室中最常用的工具。

霍尔在世时,这种实验是在温室和中等强度磁场条件下进行的。到 20 世纪 70 年代,研究人员在极低温和非常强大的磁场条件下进行了实验。1980 年克劳斯·冯·克林津在实验中发现,半导体硅的"霍尔效应"不是常规的那种直线,而是随着磁场强度呈跳跃性变化,这一发现使克劳斯荣获 1985 年诺贝尔物理学奖。

崔琦和斯托尔默在新泽西州的贝尔实验室工作。1982 年他们利用半导体砷化镓和砷铝化镓进行霍尔效应实验,他们实验的温度更低,磁场强度更大。为了能进行这类实验,他们自己设计了一种独特的实验环境:将两种不同的半导体晶片像三明治那样夹在一起,一面是砷化镓,一面是砷铝化镓。他们发现电子就在这两个半导体之间的界面上聚集。接着他们使这一界面的温度降低到仅比绝对零

度高十分之一摄氏度（约零下 273 摄氏度）的超低温环境中，然后加以相当于地球磁场强度 100 万倍的超强磁场。他们惊奇地发现，在这种条件下半导体界面上的霍尔效应的跳跃性比克劳斯发现的要高出 3 倍，大量相互作用的电子已形成一种新的量子流体，这种量子流体具有一些特异性质，比如阻力消失、出现几分之一电子电荷的奇特现象等。但当时对实验的结果还无法解释。一年之后，克劳斯教授在此基础上对他们的实验结果做出了理论解释。

电子量子流体现象的发现是量子物理学及物体动力学领域的一项重大突破，他们的发现为许多分支中的理论发展做出了重要贡献；而且对微电子学的发展有重大裨益，并可令日后生产的电子仪器，如电脑、电视及手提电话等的记忆系统体积更精确。

斯德哥尔摩大学的一位理论原子物理学教授认为，这一发现将会有助于突破电脑、电视及手提电话的体积限制，开拓下世纪的微电子时代。

1998 年 4 月，崔琦因此获得了物理学界仅次于诺贝尔奖的美国著名的富兰克林奖。当时很多同行都相信，他有很大机会更上一层楼，因为历史上居里夫人、爱因斯坦等大科学家都是在获得富兰克林奖之后才得到诺贝尔物理奖的。

崔琦也沿着先辈的道路达到了生命的辉煌。

治学严谨，为人谦虚的学者

获得诺贝尔物理奖是千百万科学家毕生的愿望，但对崔琦来说，"这只是一生中所遇到的许多美好事情中的一件而已。"这位可亲可敬的著名教授不仅为全世界的炎黄子孙争得了荣誉，而且还用其特有的谦虚展示了中华民族的传统美德。崔琦在同事、友人及学生眼中都是治学严谨、生活简朴、为人谦虚的学者。在 1998 年 10 月 13 日学校为他安排的记者见面会上，崔琦是以一身随意的装扮出席记者见面会的。在出席记者会回答询问时他话语不多，既没有意气风发的动作，也没有慷慨激昂的谈论，只是十分谦虚地表示，要感谢普林斯顿大学和他当年工作过的贝尔实验室，感谢与他合作过及给予他帮助的同事们。崔琦说，他是以平常心态来看待这一全球最高学术荣誉的。得奖之后，也不会改变他的日常生活。他是从收音机的新闻报道中听到自己得奖消息的。之后，他仍然照常做日常工作，并按原先安排的日程，到医院接受验血。直至记者招待会时，他还尚未将消息告诉在外旅行的太太与子女们。回答记者提问时，他虚怀若谷，慢条斯理，话语不多。然而在实验室介绍他的研究项目时，崔琦几乎变成了另一个人，含蓄甚至腼腆的表情不复存在了，对各种提问百答不厌。

他幽默地说："我非常幸运，能够从事一项叫作'研究'的工作。这项工作既好玩、有趣又富有挑战性，而且还能挣到钱。"同在普林斯顿大学电机工程系任教的华人学者刘必治教授形容崔琦说，崔琦学术成就虽然了不起，但从不以此傲人，"所有认识他的人都认为他是一个谦虚的好人。"

普林斯顿大学工学院的行政经理张宝珍女士说，崔琦在工学院的人缘很好，很谦虚，他无论教学及做研究都很认真，常常吃完晚饭之后，又回到学校工作。学生都很喜欢他。

崔琦在教学时，经常引入"修身、齐家、治国、平天下"的中国文化，以表达科学"由小至大"的逻辑精神。1999 年 12 月崔琦获得香港中文大学名誉博士学位。不爱抛头露面，最爱沉醉于书本及实验室做研究的崔琦在因特网自己开设的网页上称，他的主要学术兴趣是研究金属和半导体中电子的性质。

崔琦常说，他所取得的成就并非是自己聪明，而是多年来读书及研究的成果。人类进步的脚步一次次表明：人不能为免遭危难而等待，但可以无所畏惧地面对危难；人不能为止息痛苦而恳求，但能有一颗征服痛苦的心。处于巅峰，收获丰盈的崔琦通达而感慨地直言："我们的生命中有许多美好的事物，我们应心存感激。"

家庭美满，子女出色

崔琦有一个十分美满的家庭，他和美籍挪威裔太太琳达是芝加哥大学的同学，两个女儿也十分出色。大女儿爱琳目前在哈佛大学就读艺术史博士学位，二女儿从医学院毕业成了一名实习医生。

琳达回忆说，崔琦的幽默感和思想深度，给她留下了很深的印象。琳达指出，当时崔琦与她交往，充分表现出他不受传统思想束缚的个性。因为在那个年代，异国情缘非比寻常。与崔琦共同生活了 34 年的琳达对夫君赞不绝口：他脑中的新想法、新念头总是永无休止的，这可能与崔琦喜欢读报有关。每逢周末，崔琦最大的享受就是捧上厚厚一叠报纸，不论是政治、经济、科技还是艺术，他都不放过，一读就是几个小时。琳达打趣地说：崔琦什么新闻都喜欢看，却不见得什么都看得懂。崔琦视研究为乐趣，他肯定地说："做研究仍有很多时间与家人相聚，做其他事不是一样忙吗？当然我希望有更多时间陪伴家人"。

崔琦非常怀旧，也影响到他的两个女儿。他的两个女儿都曾上过中文学校。但她俩都很后悔当时没有好好学习，到现在中文已忘得差不多了。由于父亲出生在中国，文化背景与自己完全不同，大女儿爱琳为了更透彻地了解和把握中国文化，曾参加了到武汉的交换生学习。在武汉学习期间，她到父亲的故乡寻根问祖。想不到在这小小的乡村里，竟然有不少人知道崔琦是位著名学者，令爱琳高兴和惊讶。

2012 年 9 月

纪念中国人民抗日战争
暨世界反法西斯战争胜利 70 周年

2015 年是中国人民抗日战争暨世界反法西斯战争胜利 70 周年。9 月 3 日，在天安门广场隆重召开纪念大会，并举行盛大的阅兵仪式，届时党和国家领导人，与 31 个国家元首代表和国际政要社会知名人士，如联合国秘书长潘基文等出席大会，并在主席台上检阅受阅部队。这是中华民族的大事，是铭记历史、不忘过去、缅怀先烈、珍爱和平、开创未来的重要活动，对动员团结全党和全国各族人民振奋精神，更加奋发有为地为实现中华民族伟大复兴的中国梦而奋斗，具有极其重要的意义。

我在青年时代，看过开国领袖毛泽东主席的阅兵式，以后陆续看过邓小平、江泽民、胡锦涛等国家领导人的阅兵仪式，心情激动，振奋人心。2015 年 9 月 3 日中国人民纪念抗日战争暨世界反法西斯战争胜利 70 周年，我和全家人围坐在电视前，观看习近平主席进行阅兵仪式，感到非常荣幸和高兴。

和往年不同的是，2015 年的纪念活动和阅兵仪式，还有 19 个国家外军受阅方队，健步通过天安门广场，接受检阅，给这次纪念活动和阅兵仪式增加了光彩。

在这个难忘的纪念活动的日子里，向世界展示了我们的人民军队越来越强大，我们的国家越来越富强，屹立于世界之林，永远处于不败之地，为世界人民大团结、为世界和平发展做出不可磨灭的伟大贡献，开创人类历史新纪元。

2015 年 9 月

中国行政改革概况

——在中日行政改革学术研讨会上发言

九月的北京，秋高气爽，在阵阵桂树飘香中迎来了日中行政学术交流访问团，我们格外高兴。首先，我代表中国行政管理学会向我们的老朋友加藤一明教授和我们的新朋友——以寄本胜美为团长的各位教授，表示热烈的欢迎。

国家行政改革，几乎成为国际上关注的问题。日本的行政改革比较早，有不少经验，今天的会上，日本专家学者将给我们作直接介绍，使我们了解到有益的情况。中国的行政改革是我国政治体制改革的组成部分。中国的行政改革正在探索中实践，在实践中探索，不断前进，内容还相当丰富，主要包括以下几方面。

一、实行党政分开。党政职能分开，既是党的领导制度的改革，也是行政改革。改革的最终目的是加强和改善党的领导，而不是削弱党的领导。通过改革解决长期形成的党政不分、以党代政的问题，撤销与政府部门重叠对口的机构，保证政权组织充分发挥职能，将不该党管的行政事务转给政府有关部门管理，党应管好党的路线和国家的大政方针、政策，对各方面工作实行政治领导，更好地行使监督职能，这也是中国特色社会主义的重要特色。

二、实行政企分开。在发展社会主义市场经济的条件下，企业是市场的主体，政府应转变职能，实行有效的宏观调控，引导企业行为，改变原来政府对企业的统管一切、统包一切，将经营管理权还给企业，实现企业真正的自主经营、自主管理、自负盈亏、照章纳税。实行政企分开的直接目的是为了搞活企业，企业不再依赖政府，亏损了政府不会再给补贴；政府不再干预企业的经营事务，政府的责任是依法为企业服务并进行监督。如最近政府向企业派出稽查特派员监督企业资产运营和盈亏状况，负责对企业主要领导干部进行考核，让企业在市场经济竞争中求生存，求发展。

三、改革政府机构。政府机构庞大臃肿，层次过多，职责不清，互相扯皮，影响着工作效率，也是产生官僚主义的重要原因。我们国家曾多次下决心对政府工作机构进行自上而下的改革。新中国成立时，1949 年 9 月 17 日，全国政协第一届全体会议通过了《中华人民共和国中央人民政府组织法》，其中政务院下设 35 个委、部、署、院，管理国家行政工作。以后随着事业发展，政务院工作机构不断增加。1953 年底政务院工作部门增加到 42 个。20 世纪 80 年代初，国务院各部委、直属机构、办事机构已达 100 多个。因此，精简机构成为行政改革的重要内容。新中国成立以来，我国进行了六次国家机构改革（主要是政府机构改革）。改革开放以前三次，改革开放以后三次。当前正在进行的政府机构改革，可谓第七次。七次机构改革，都有一定的历史背景和社会条件。改革开放之前的三次改革大体上是单纯的精简，就是调整机构，减少人员，达到精兵简政，其行政管理职能、管理方式以及管理观念，没有根本改变。改革开放以后，特别是在发展社会主义市场经济条件下的几次机构改革，不只是减人减机构，转变政府职能和转变观念，成为机构改革越来越重要、越来越明确的目标和任务。改革开放以来的三次机构改革和当前政府机构改革，在这次学术交流会上都有专题发言，我在这里就不作具体介绍了。

四、建立国家公务员制度。我国长期以来干部管理制度不健全，用人缺乏法制，不正之风难以避免。改革开放以来，在这方面采取了一些改革措施，积累了有益的经验。1987 年我们党的十三大提出建立国家公务员制度，即制定法律和规章，对政府中行使国家行政权力的国家公务人员，依法进行科学管理。1992 年党的十四大明确要"尽快推行国家公务员制度"。随着我国人事制度改革不断深入，我国公务员制度在全国从中央政府到省（自治区、直辖市）、地（市）、县、乡五级政府机关稳步展开，我国的公务员制度已基本建立，一种公开平等、竞争上岗、择优录用、能进能出、能上能下、充满活力的人事管理机制，法制完备、纪律严明的人事监督体系正在形成。1997 年党的十五大进一步提出："深化人事制度改革，引入竞争激励机制，完善公务员制度，建设一支高素质的专业化国家行政管理干部队伍，提高为人民服务水平。"建立和完善国家公务员制度，有利于加强和改善党对人事工作的领导，有利于造就德才兼备的政务活动家和行政管理家，有利于提高政府的工作效率和国家行政管理的稳定性。目前，随着机构改革的推进，完善国家公务员制度，也在改革中落实。

五、必须依法行政。在一个法制的国家里，严格依照法律办事是管理国家的一项根本原则，依法行政则是依法治国的重心。我们党的十五大在确定"依法治国""建设社会主义法治国家"目标的同时，要求"一切政府机关必须依法行政"。在国家权力中，行政权最活跃、最具有主动性。在我国人大及其常委会制定的

100个法律中，有80%要由行政机关来实施。从世界范围来看，由于社会事务愈来愈复杂、广泛和专业化，行政权力也愈来愈有扩大的趋势。行政机关亦拥有了一定的行政立法权和行政司法权。依法行政，实现国家行政管理法制化也愈来愈重要和愈来愈紧迫，使政府的一切行为由长期靠人治转变为主要靠法治的轨道。

最近，看到一个材料，介绍美国克林顿也在提倡行政改革，其中有一点是要求在行政工作中写短文、讲短话，既提高工作的效率，也节省别人的时间。如果从这个意义上来谈行政改革，那么还可以讲一些内容。但是由于时间关系，我就讲到这里。谢谢！

2006年9月

中国行政管理学会与二级分会全国政策研究会

　　我们国家和政府领导人十分重视行政管理体制改革和行政管理科学的研究和发展。还在赵紫阳当总理时，国务院参事唐鸿烈老先生给国务院写了一封信，建言献策，指出西方行政学发展比我们早，似可借鉴，建议我国开展行政学的研究。他还专门写了一篇论文《建立具有中国特色的社会主义行政管理学》，国务院接受了他的建议。

　　为恢复和重建中国行政管理科学，推动改革开放事业，根据国务院领导同志的指示，国务院办公厅招贤纳士，聚集人才，积极筹划，于1984年秋天，在吉林市召开了新中国成立以来首次行政管理研讨会。会后，国务院办公厅调研室向国务院上报了《行政管理学研讨会情况简报》并写了一个《行政管理学研究会纪要》(以下简称《纪要》)，以国务院参阅文件的形式下发中央各部门和地方各省市。在《纪要》最后，提了几点建议，对我国行政管理学的发展起了积极作用。

　　根据《纪要》建议，1984年，组成了中国行政管理学会筹备组，在全国开展工作，广泛团结政治学界、行政学界和教育界以及实际管理部门的专家、学者进行研讨。1985年，创办《中国行政管理》杂志，普及宣传基础知识，沟通情报，交流信息，加强理论研究。经过近5年的酝酿、宣传、组织、协商，终于在1988年，正式成立了中国行政管理学会。在学会成立前后，为了大造舆论，引起各级领导和社会重视，我们请中央领导题词。1984年9月，中央顾问委员会副主任薄一波同志题词："研究探索具有中国特色的行政管理学体系，为社会主义现代化建设服务"；1985年6月，李先念主席题词："实现科学行政管理，为社会主义现代化服务"；1988年，李鹏总理题词："政府行政管理必须讲科学、求效率、守法律、重廉洁"。国务委员兼国务院秘书长陈俊生同志还为国务院办公厅调研室和中国社会科学院在山东省曲阜市，中国文化鼻祖孔子的家乡成立的全国政策科学研究会题词："发展有中国特色的社会主义政策科学"。

　　此后，因种种原因，中国行政管理学会、全国政策科学研究会多年没有开展活动，既没有召开年会，也没有召开小型学术研讨会。后来，在江苏省吴江市委市政府的大力支持下，中国行政管理学会恢复了活动，特别是在原国务院管理局局长郭济同志任中国行政管理学会会长时，中国行政管理学会走上健康发展的道路。郭济同志连任两届后，因年龄和民政部有关规定的原因，不再担任会长，由原国家编制委员会办公室主任王澜明接任会长至今，高小平任执行副会长兼秘书长，全国政策科学研究会原会长吴明瑜因年龄关系不再担任会长。在江苏苏州召开的全国政策科学研究会换届会上，选举武树帜同志为会长，刘东文同志为秘书长。武树帜同志连任两届会长，因年龄原因和民政部有关规定，不宜再任会长。在2012年山西大同市召开的换届会上，由贾凌民同志任会长，解亚红同志任秘书长，武树帜同志任名誉会长，刘东文同志任常务副会长，林正澄、冀庆茂、文国庆、张宏伟等同志任副秘书长，延续至今。

现在全国政策科学研究会，在国务院办公厅领导下，由贾凌民会长带领，团结全国各地理事、专家学者积极开展学术科研活动，取得较好成绩，有些科研成果受到国务院和国务院办公厅领导的重视和好评，学会的工作人员受到鼓舞。全国政策科学研究会继续走上健康发展道路，为全面构建中国特色的小康社会和实现社会主义现代化做出应有的新的更大的贡献，开创全国政策科学研究会创新发展新局面。

2012 年 8 月

乌鲁木齐年会

有人说："没去过新疆不知道中国大，没去过喀什不知道新疆大"。2005年全国政策科学研究会在新疆维吾尔自治区首府乌鲁木齐市召开年会，出席会议的理事代表、专家学者来自东南西北中全国各地。出席会议的领导同志有江苏省政府秘书长施绍祥同志和秘书吴燕同志、国务院办公厅老干部局局长郭建文同志、河北省张家口市政府管理局局长耿建中同志、哈飞集团党委书记裴文惠同志。

会议主题是"发展新疆经济，支援国家建设"。

从20世纪50年代开始，东部经济发达地区的青年，特别是上海知青一批批来到新疆支援边疆地区建设，1959年和我一起毕业的不少同学自愿报名，到新疆文化教育界参加工作。有的当中学老师，有的任中学校长，当时毕业分配工作时，大家心甘情愿地表态：到边疆去，到艰苦的地方去，到祖国最需要的地方去，把青春献给祖国社会主义建设。

参加新疆乌鲁木齐年会的理事代表、专家学者兴致勃勃地对会议主题"发展新疆经济，支援国家建设"展开热烈讨论。新疆物产丰富，出产石油、棉花、肥羊，号称"三白"，发展新疆经济对支援国家社会主义建设意义重大。

参加会议的理事代表、专家学者身临其境，感受到新疆确实是个好地方，有幸参加祖国最西北的地方学术研讨会，倍受启发，受益匪浅。

会议结束后，理事代表、专家学者踏上天山，参观闻名全国的新疆天池。同东北吉林长白山天池相比，各有千秋，也是一个让人流连忘返的地方。两池相比，一大一小，新疆天山上的天池较小，吉林长白山上的天池较大，现在都已成为国内外旅游者参观游览的胜地。

新疆乌鲁木齐会议之后，我陪同江苏省政府秘书长施绍祥同志乘飞机到达南疆喀什参观考察，当地治安良好，不像一些人说的那样"不太平"。我们还在自由市场购买了一些新疆特产、日用品。

此后，我又和国务院办公厅老干部局郭建文同志专程去石河子新疆生产建设兵团考察，受到当地领导和群众热情款待。新疆建设兵团从组建开始，戍边屯垦，自力更生，发展生产，对建设新疆、保卫新疆和捍卫祖国边防安全，做出了不可磨灭的贡献，有着重要的现实意义和历史意义，至今留下深刻美好的印象。

2005 年 8 月

在"全国办公室主任、文秘干部研修班"上讲课

在生活和工作中，知书识字的人都要写些东西。在机关工作的同志，特别是从事文秘工作、研究工作的同志以及担负领导工作的同志，不仅要经常写文章，而且还要起草公文和领导讲话。

文无定法，但写公文总要讲究些格式、技巧，如标题要醒目，导语（即文章开头）要讲究，观点要突出，条理要清晰，段落要分明，语言要明白等等，都有技巧问题。写讲话稿要看对象，看时间、地点和条件，因地制宜，因人、因事而异……总有些经验诀窍可以借鉴。讲怎样写公文、写讲话、写文章，应该是名家，起码也是专家。如我们党内文字专家胡乔木于 1958 年在写文件方法座谈会上发表讲话《怎样写好文件》（见《胡乔木文集》〈第三卷〉人民出版社 1994 年版）。大家有时间可以读一读，学一学。我既不是名家，也不是专家，在大学只教过历史，也未讲过语文。只能根据我在机关做抄抄写写的工作经历，总结一些点点滴滴的写作经验和体会，谈出来，"抛砖引玉"。

文章体裁很多，包涵很广，几乎凡文字作品皆称文章。而公文尽管内容丰富，形式多样，也是文章的一种。因此，学会写文章，也就能够写公文和写好公文。当然，公文自身有其规律和特点，会写其他体裁的文章，不一定会写公文，写好公文仍需要学习、练习和提高。

什么是公文？公文有狭义和广义之分。广义的公文，就是泛指机关常用的应用文。狭义的公文就是专指党和国家政权机关各自正式规定的各种文件。

公文的功能是统治者管理国家、正确行政的书面工具和文字手段。党政机关通过各种公文，贯彻传达党的路线、方针、政策，指导、布置和洽商工作，报告情况，交流经验，请示和答复问题等。邓小平同志 1950 年在西南区新闻工作会议上的报告中指出："拿笔杆子是实行领导的主要方法。领导同志要学会拿笔杆子"。对于公文处理，我们党和国家都有一系列规定。1993 年 11 月 21 日国务院办公厅修订公布了《国家行政机关公文处理办法》。1996 年 5 月 3 日中共中央办公厅印发了《中国共产党机关公文处理条例》，使公文的处理规范化、制度化。

公文处理大有学问，公文写作更有学问。但是，公文写作不完全是一个理论问题，而是需要真知灼见的实践问题。写好公文，当然需要理论修养，但是更需要在实践中不断摸索和积累。胡乔木说："写好文章是客观实践的过程，它的内在规律是可以掌握的，至于是否能运用自如，那是另外的问题"。

写好公文和领导讲话，可以从以下几方面努力，概括起来是：思路正确，调查研究，内容明确，语言简明，练好功底，按时交卷，即"六要"。

一要思路正确。写作有不少技巧问题，但主要的还是思想观点正确。特别是起草领导讲话，思路一定要对头。"思路不对，全部作废"。首先"要想到你究竟为什么人写东西，向什么人讲话"。所谓思路，既要弄清上面领导的思路，当然也包括自己的思路，只有自己的思想、概念明确，才能写出准确的公文讲话。以己之昏昏，必然也使他人昏昏。思路不通，断然写不出好文章。思路正确，说到底，也就是要求作者基本立场、观点、方法正确。如果基本立场、观点、方法不对，很难写出正确的东西。这是写好文件要特别注意的根本性问题。

二要调查研究。这是写好公文和起草讲话的基础。毛泽东同志有句名言："没有调查就没有发言权"，结论应当产生于调查研究之后，而不是调查研究之前。无论写公文，还是写讲话稿，都要弄清情况再下笔。调查研究要实事求是，要如实反映情况。真正做到实事求是很不容易，如实反映情况更难。现在上面和高层领导苦于了解不到真实情况。只有了解真实情况，掌握了第一手资料，然后再写公文，起草讲话，才能反映真实情况，符合客观实际，解决实际问题。毛泽东指出："不调查，不研究，提起笔来'硬写'，这就是不负责任的表现"。搞文字工作的最好要经常调查研究，了解情况，熟悉生活，不可闭门造车，才能写好文件，才能写出新东西。

三要内容明确。首先要敢写真话，敢讲真话。切忌讲大话，讲假话，如果将大话、假话渗透到公文内和讲话中，小则自欺欺人，大则欺世盗名，祸国殃民，这样的事例、悲剧比比皆是。在历史上和现今我们国家和人民都因此而吃过不少苦头。当然书写公文，起草讲话，敢于直言，坚持真理，关键在领导，即决定于领导的思想作风。作风正，鼓励说真话；作风不正，喜欢报喜不报忧，甚至搞浮夸。"干部出数字，数字出干部"。但是，作为文件起草者，经常是打基础，不是不可以左右领导，是有机会有条件向领导建言献策，甚至常常可以将自己的见解变成领导的思想被采纳。为机关和领导搞文字工作的同志有个不成文的规定，书写公文，起草讲话，写好了"归党所有""归公所有"，领导满意的属于领导，领导不满意的属于个人，可以署名发表。其次，公文、讲话切忌重复，甚至语言词句也不宜重复。有人为了表明态度鲜明，一篇讲话，前面也讲"高举"，中间也讲"高举"，后面又讲"高举"，其实讲一个"高举"就够了。为了强调内容重要，既讲重要问题，又讲重要意义、重要思想、重要作用……通篇讲了许多重要，实际大可不必，只要讲到点子上，讲一个重要就会引起注意。写公文、起草讲话，从头到尾最好不要有重复的内容、重复的思想、重复的段落，甚至重复的语言和词句。一个意思，翻来覆去地讲，一句话，一个词，翻来覆去地用，并不能使公文、讲话增色，反而显得思想贫乏，语言枯竭。这是书写公文、起草讲话最起码的要求和技巧。再次，要注意公文具体生动，讲话要有新意，不为陈言肤词，不为疏慢之语。不能老是官样文章，老是那么几句话，老是重复人所共知的论调和事例。特别是讲话，要看地点、时间、条件和对象，做到因地而宜、因时而异、因人而异，见机行事，讲得切题，讲得得体，使人入耳入脑，不可千篇一律，文不对题。有的人形容听一场精彩报告，胜过看一场好电影。相反，听一场费劲枯燥的讲话，使人感到疲劳受累。郭沫若说"有人把文章写得深奥，让人看不懂，这不是写东西的正路，而是邪路"，不会受人欢迎，也不值得欢迎。总之，文件讲话写得要有说服力，不要摆架子，不要装腔作势，不要卖弄自己，不要废话连篇，不要哗众取宠。有些讲话神气十足，但是没有货色，讲不出道理，没有说服力，收不到应有的效果。

四要语言简明。写公文、讲话要讲究文法和修辞，无论是叙事，还是说理，都要写得简练明白。要深入浅出，善于用简单的、具体的，用群众所熟悉和易懂的语言来书写公文和起草讲话。一句话能写清楚，不用两句；一段话能交代清楚，不要写两段。特别是写公文，要写得清清楚楚、干净利落，不可拖泥带水，啰啰唆唆。毛泽东提倡写生动和通畅的文章，使人一看就懂。不生动，不形象，语言晦涩难懂，使人看了头疼。古人云："言之无文，行而不远"。用句不合文法，行文不合章法，语言干瘪，词汇贫乏，会影响内容的准确表达，会令人费解，甚至误解，读者就会离得远远的。现在有一种文风，文字表达不是深入浅出，而是浅入深出，写得十分艰深，群众看不懂，甚至干部也难以读懂，用毛泽东的话来讲，就是"谁也不懂"。句法有长达四五十个字一句的，其中堆满了"谁也不懂的形容词之类"。好像文章、讲话写得越长越好，似乎越长才能越有深度、高度和分量、水平。其实不然，长篇大论未必比短小精悍好，短小精悍未必比长篇大论差。分析问题，长篇大论不一定没有片面性，而短小精悍也不一定准有片面性。长短并不是写东西是否有高度、有深度、有分量、有水平和是否有片面性的标准。文章好坏，主要看内容。"有话即长，无话即短"，长的有内容，也能引人入胜（当然，如果又臭又长，那让人受不了），短的也不乏佳作。长篇大论一般让人看得吃力，短小精悍反而容易引起读者注意。通常更多的人喜欢短文章。茶余饭后，五分钟就可看完。胡乔木说要记着："写得愈长，看的人愈少"。总之，长短各有千秋，内容精彩，长短无妨。但是，写文章最好用"最经济"的办法，把想要说的东西写出来，所谓"要言不烦"，把可要可不要的章、节、句、字去掉。唐代史学家刘知己对语言的简练要求得非常严格。他认为《汉书·张苍传》中有句话："年老口中无齿"，六字成句，可删掉三个字，"年及口中是烦字，可去矣"，"老无齿"就写清楚了。这样，对作者，对读者都有好处，节省了语言，也节省了时间，都是一种解放。胡乔木在1946年写了一篇短文，提倡文章要写得"短些，再短些"，并规定了稿件的字数，即使是研究论文、专文等，也要控制在400—2000字内。朱镕基同志曾在国办的一个文件上批示：写批文最好不要超过五十个字，批得很长，人家不一定愿意看，这当然也有利于提高工作效率。

另外，还有一点要注意，就是起草文件讲话，尽可能不用或少用空话套话。什么是套话，套话是指大家都熟悉的千篇一律的公式化语言；空话是指说了谁也不去做的口号式的话。空话套话，人云亦云，讲起来省力，准备起来也不费功夫，也比较安全，犯不了错误。于是空话套话风行一时，有的讲话离不开套话，有的文章空话连篇。如写报告，做总结，一开头要讲七个下：在大好形势下、正确路线下、领导关怀下、部门帮助下、团结协作下、群众支持下、共同努力下，取得了可喜的成绩和不断的进步。这既是套话，也是空话。逢文必写，逢会都讲，既浪费笔墨，也耽误时间。一位领导拿了几个稿子赴会讲话，讲了一会儿，觉得不对劲，才知文不对题，念错了稿子，不是这个会议的。可见准备的几个会议的讲话稿，开头的导语是大同小异的套话空话，在哪个会议上都可以讲。

五要练好功底。要多看，"破万卷书，行万里路"。毛泽东在《反对党八股》一文中，引用鲁迅先生的话说"留心各样的事情，多看看，不要看到一点就写"；多思，勤于动脑，反复思考，善于思考，反复构想，每当有所悟，有所获，就立即记下来。孔子提倡"再思"，韩愈也说"行成于思"，通常说的问题没写清楚，往往是因为没想清楚的缘故。要把问题说清楚，需要多想想，甚至想三四回还不够。俗话说"多闻多思"，即多听多想，方能善谋善断，才会有好的主张和决策；多写，即多练笔头，熟能生巧。写作不是天生的，不像唱歌，是天生的，"没有金嗓子，唱不出《四季歌》；而是后天的，有一定的写作基础和条件，可以通过勇挑担子，承受压力，逼着也能将东西写出来。当然，要写好则不是一朝一夕的事。邓小平告诫说："凡不会写的要学会写，能写而不精的要慢慢地精"，切勿要求过急。写作也没有什么捷径，据说做官可以秘传，在封建时代，"父传子，家天下"。写作则不然，父亲不能传儿子，老子会写，儿子不一定会写。没有捷径，但并非没有秘诀，秘诀就是要靠自己练。当然，多练就要多写，同时，也要在字法、句法、章法，乃至学会用标点上下苦功锤炼；多改，"一挥而就""文不加点"的起草稿是很少的，或者说还没有。古今中外，好文章都需在修改上下功夫。不要怕改。肯于自己改，精益求精；也乐于别人改，取长补短。边写边改，边充实，边提高。"千金不能易一字"，寥寥无几，而更多的好文章是改出来的。鲁迅先生说：文章写完后，至少要看两遍，竭力将可有可无的字、句、段删改去，至多他没有说。毛泽东说重要的文章不妨看它十多遍，认真地加以修改，然后发表。如周总理有一年亲自修改政府工作报告，前后多达83次，最后送郭老把一道文字关。多学，要善于学习，虚心学习，博览群书，博采众长。古人云："读书破万卷，下笔如有神"。写作能力与技巧，常常是德、智、才、学的综合表现。毛泽东1958年在论《工作方法六十条（草案）》中提出，中央各部，省、地、县三级都要培养"秀才"，这些人要较多地懂得马克思主义，又有一定的文化水平、科学知识、辞章修养。并且，在六十条工作方法中，五条是讲学习的：（三十九）学点自然科学和技术科学，（四十）学点哲学和政治经济学，（四十一）学点历史和法学，（四十二）学点文学，（四十三）学点文法和逻辑，学习要求是很全面的。我在青年时代到参加工作，前后通读了三遍《毛泽东选集》，《邓小平选集》通读了一遍，重点文章读了多遍，获益匪浅。特别在改革开放和发展市场经济的条件下，忙着经商、应酬，学习风气比较淡薄，更要注意安排时间学习。最近，我们在江苏召开的"县级行政管理和农业现代化"研讨会上，江西省一位县长深有感触地说：过去封建时代的官吏，都很注意读书写字，也讲究学一点琴棋书画。现在我们有些当官的，倒忽视了这方面的修养，或者说还不如封建时代的官吏。整天忙于开会，忙于应酬，比喝酒，比跳舞，甚至还桑拿、娱乐一番，没见到多少认真读书写字学习的。这样讲起话来，缺少高度、深度，以至只好念稿子。这固然一方面说明给领导起草讲话的重要，但一方面也反映有些领导演讲水平的下降，"离开稿子不会讲话"。

六要按时交卷。公文、讲话都有时效性，特殊情况下，有的还是急件。"今天下达，明天交卷"，甚至要当天立即完成，这要求文字工作者既能适应，又能应变，到时必须完成，而且只能提前，不能推后。否则，过时不候，过时失效，写得再好，也用不上。这就要求执笔起草公文、讲话的同志，既要有研究分析事物的学识，又要有新闻工作者的敏捷，还要有写稿子又快又好的能力。文字工作既讲效率，又讲质量。所谓按时完成，还必须保证质量。粗制滥造，滥竽充数，杂乱无章，生拉硬凑，材料堆积，没有修改的基础或余地，是过不了关、交不了差的。"再打回来，就来不及了"。

2011 年 8 月

天水年会

甘肃省天水市在甘肃省东北部。人称"蜀道难，难于上青天"，然而去天水市的难度胜于上青天。天水市夏季气候凉爽，因此人们慕名前去。但从北京和全国各地去天水市，因天水市没有机场，无法乘民航班机到达。

2011年8月20日全国政策科学研究会主办的"公共政策创新与企业转变经营方式"研讨会在甘肃省天水市召开，因交通不便，路途艰难，因而参加会议的理事代表、专家学者人数不多，大约30多人，是全国政策科学研究会历届年会参会人数较少的一次。

与会理事代表、专家、学者以中国特色社会主义理论为指导，对新形势下进一步落实科学发展观，认真贯彻执行党的方针政策，探索企业转变经营方式和公共政策创新等问题进行了研讨。理事代表、专家学者热烈发言，畅所欲言，各抒己见，提出了不少宝贵意见和建议。大家认为自国家"九五"规划首次提出转变企业经营方式，从粗放型向集约型转变，到国家"十一五"规划再次提出转变企业经营方式，约有十几年的时间。在十几年间积累了一些成功经验，也暴露了一些不足，这是大家的共识。同时与会专家学者认为，企业经营方式的转变不能只看经济增长快慢、规模大小、一时得失，不能就经济发展论经济发展，而应该在科学理论指导下，使经济发展走向科学发展的轨道，实现速度、质量、效益的统一协调；发展经济与提高人民收入和生活水平统一协调，从而实现经济社会全面协调发展和稳中求进的可持续发展，促进和谐稳定社会建设，加快进入中国特色的社会主义小康社会，为祖国社会主义现代化建设做出应有的新的更大的贡献，创新发展，开创国有企业转变经营方式的新局面。

为期一天的研讨会结束后，会务组组织自愿参加的会议代表参观天水市附近的甘肃省著名文化古迹——麦积山石窟。麦积山距天水市28公里，高142米，海拔1700余米。闻名世界的麦积山石窟就开凿在悬崖峭壁之上，栈道凌空飞架，古代佛教艺术琳琅满目，麦积山石窟是丝绸之路上的耀眼明珠。不少代表兴致勃勃，经过栈道登上麦积山石窟。我也在同志们的帮助下，有幸登上麦积山，观看了闻名世界的麦积山石窟。

2011 年 8 月

呼和浩特年会

2012 年暑期，全国政策科学研究会于 8 月 3 日至 8 月 5 日在内蒙古自治区呼和浩特市召开 2012 年年会。

参加会议的理事代表、专家学者多数第一次来内蒙古大草原，大家感到非常高兴，尤其是这时候，内蒙古大草原气候较内地特别是东南沿海地区比较凉爽宜人，非常舒适。

参加会议的领导同志有全国政策科学研究会执行副会长贾凌民同志、秘书长解亚红同志、副会长高忠谦同志，国务院研究室副司长陈美兰同志、广东省政府研究室副主任李美清同志、河北省张家口市机关事务管理局局长耿建中同志、西安管理学院资深学者单元庄院长、华东理工大学博导叶海平教授。出席会议的理事代表、专家学者约 50 多人。与会理事代表、专家学者围绕会议主题，一边学习，一边对"创新发展与转变政府管理方式"展开热烈讨论，大家畅所欲言，提出宝贵建议。

会议结束后，与会理事代表、专家学者参观了内蒙古大草原，欣赏草原风

全国政策科学研究会创新发展与转变政府管理方式研讨会2012年在呼和浩特举行

光，格外心旷神怡，并专程到内蒙古希拉穆仁草原考察，一边考察，一边摄影留念，流连忘返之情油然而生，深感参加这次内蒙古呼和浩特年会受益匪浅，既轻松，又愉快。

2012 年 8 月

柳州年会

柳州是广西重要的工业城市，是我国西南地区重要的工业基地，也是我国西南少数民族地区的工业重镇，柳州还是奥运冠军李宁的家乡。2008年全国政策科学研究会在柳州召开年会。年会研讨会主题是"创新发展，加强和改善企业管理"。

创新是动力，发展是第一要务。企业管理关系企业生存和盛衰，加强和改善企业管理，使企业健康发展，是促进经济社会稳中求进的大事，必须引起企业家和政府各级领导高度关注。解决实际问题，要采取正确的方针政策，妥善解决，

作者夫妇在桂林乘船游览漓江

取得实效。加强和改善企业管理要从改善经营入手，降低生产成本，提高生产效率；加强和改善企业管理，要重视经营方式的改善，使其科学和灵活，落到实处，为企业职工得利，为国家做出新的重大贡献，开创改善和加强企业管理新局面。柳州离广西桂林不远。会议期间组织参会人员参观柳州和桂林一些企业。理事代表、专家学者，曾为参观的企业建言献策，受到企业领导职工的欢迎和感谢。

广西桂林的山水闻名世界。"桂林山水甲天下，阳朔山水胜桂林"，会议组织理事代表、学者专家乘船游漓江去阳朔。看桂林山水，欣赏阳朔自然风光，大家心情格外愉快舒畅，留下美好深刻的印象。至今我还陶醉在桂林山水、阳朔风景之中，故此简短地记下了这段珍贵的回忆。

2008 年 8 月

杭州会议

"上有天堂，下有苏杭。"全国政策科学研究会继 2003 年苏州年会后，2004 年在浙江杭州召开会议。会议由浙江大学行政管理学院承办，会议主题是"学习落实科学发展观"。

当时以胡锦涛为总书记的党中央率先提出学习和落实科学发展观，在全党全国掀起学习高潮。全国政策科学研究会适应当时的形势，认真学习和落实党中央的战略部署，适时地在浙江省杭州市召开学习和落实科学发展观研讨会。出席会议的有来自全国各地的全国政策科学研究会的理事代表和专家学者约五十多人。

作者夫妇在鲁迅故居留影

科学发展观，既包含人生观，也容入世界观，对人们有重要的意义。

通过学习和落实科学发展观，树立正确的人生观、世界观，对指导人生走向正确方向，沿着中国特色社会主义道路前进，全面构建小康社会有着指导作用。

与会理事代表、专家学者围绕"学习和落实科学发展观"展开热烈讨论，大家畅所欲言，建言献策，提出宝贵建议。明确学习和落实科学发展观，首先要指导自己的工作，以取得最好的效果。同时学习和落实科学发展观要指导和妥善处理自己的生活。减少或避免缺点和错误，使其走上健康发展的道路。

科学发展观的本质是科学，要科学地对待工作，要科学地处理好一切事物，焕发青春活力，画出最新最美的图画，改善民生，造福人民，为国家谋利，为建设和实现中国特色社会主义现代化做出新的更大的贡献，开创学习和落实科学发展观新局面。

2004 年 5 月

苏州相城年会

2003 年 4 月，全国政策科学研究会在江苏苏州相城召开 2003 年年会，会议由全国政策科学研究会主办，由江苏苏州市相城区政府承办，会议主题是"实现经济跨越式发展"。出席年会的领导同志有江苏省政府秘书长施绍祥同志，苏州市纪委副书记沈荣法同志，国务院办公厅老干局局长刘青云同志，全国总工会钢铁行业工会主席高忠谦同志，还有上海理工大学博导叶海平教授，苏州大学刘进才教授，全国政策科学研究会副秘书长李珊、林正澄同志。

实现经济跨越发展，关系国计民生和全面建设中国特色小康社会以及实现国家社会主义现代化，具有重大的意义。

出席会议的理事代表、专家学者，围绕会议主题"实现经济跨越式发展"展开热烈讨论，大家畅所欲言，各抒己见，提出宝贵建议。

在讨论中，理事代表、专家学者指出，经济跨越式发展和经济常规发展同样重要，但是经济跨越式发展更具有超前性，会推动经济社会又快又好发展，改善人民生活，促进社会和谐稳定。促进经济跨越发展，各级政府部门和有关企业，要尽心尽力，共同努力，做出贡献。政府部门要尽职尽责在中国特色社会主义理

全国政策科学研究会实现经济跨越式发展研讨会2003年在苏州相城召开

论指导下，制定正确的方针政策，引导经济跨越发展，沿着中国特色社会主义道路跨步前进。

通过研讨，理事代表、专家学者各有所获，受益匪浅，参加这次研讨会确实不虚此行。

研讨会结束后，大家去苏州附近参观考察。江南水乡、小桥流水、名胜古迹都是大家颇感兴趣参观的地方。"上有天堂，下有苏杭"，此行使理事代表、专家学者，确实感到名不虚传。

理事代表、专家学者在离开苏州的晚上，苏州市相城区政府领导欢送大家，并共进晚餐话别，希望能够再次在苏州市相会。

2003 年 5 月

参加基层民主选举

我家居住在北京市东城区东花市北里西区 23 号楼（宝润苑 B 座），具有参加东城区东花市街道居委会换届选举的资格。按照《中华人民共和国城市居民委员会组织法》和《北京市实施〈中华人民共和国城市居民委员会组织法〉办法》中关于"居民委员会每届任期 3 年"的规定，东花市街道第八届社区居委会任期届满，应进行换届选举。第九届社区居委会换届选举工作于 2015 年 4 月开始，2015 年 7 月结束。我们家参加了选举工作的全过程。党的十八大从创新社区党建、完善居民自治、深化社区服务三方面提出深入推动社区建设，取得一定成效。社区作为城市管理的基本单元，发挥着基层社会管理和社区民主自治等一系列重要功能。社区居委会的工作直接关系到党和政府方针政策及各项工作、任务在基层的贯彻落实，关系到社会的稳定和发展。做好社区居委会换届选举工作，是加强和谐社区建设、全面构建社会主义街道和社区的客观要求；是加快推进社会管理体制改革、社会工作机制创新的有效途径；是扩大基层民主，推进基层民主政治建设的具体体现；是加强居委会建设，夯实城市管理基层基础工作的重要措施。

社区居委会选举是全面提高社区居民民主自治参与意识、扩大基层民主、保证社区居民依法行使民主权利的重要形式。广大居民的参与，是建设和谐社区的基础。通过民主选举，可以把愿意为居民服务、受群众拥护的优秀人才选入社区居委会领导班子。我作为东花市居民理应依法行使民主权利，自觉履行应尽义务，积极参加和支持居委会选举工作，行使选举权，投下庄严的一票，选出能为人民服务的东城区东花市优秀的居委会组成人员，实现美丽的中国梦。

2015 年 7 月

在新疆哈密考察民营企业

哈密市是新疆东部地区一个重要城市，因盛产哈密瓜而被人们称为哈密市。

在 2010 年，我随上海理工大学博导叶海平教授赴新疆维吾尔自治区哈密市调研当地民营经济发展情况，实地取经。

民营企业在改革开放前称私人企业，在社会主义市场经济的条件下，民营经济成为发展整个社会经济不可缺少的组成部分。

在哈密市我们参观了民营企业家王柱的生产基地，并书赠题词"克服困难，发展生产，为社会做出贡献"以示鼓励。在哈密为期两天的考察时间中，受益匪浅，了解了新疆民营企业发展的艰难和辛苦，并和王柱同志结下了深厚的友情。逢年过节，互致问候，一直坚持至今。在哈密调研期间利用难得的机会，王柱同志派企业工作人员陪我们乘车翻过东部天山，欣赏了新疆广阔的草原和遍地成群的牛羊，领略了新疆天山南北的大好风光。

从哈密返回北京时，热情的王柱同志送了刚熟的哈密瓜，让我们带回家品尝留念，并再次邀请我们每年来哈密看看。王柱同志还多次打来电话，以示问候。最近王柱同志专程来京，到家看望我和家人，在此谢谢他的关怀。

2014 年 9 月

创新发展企业科学文化

一

　　企业是经济的细胞，是国民经济发展的基础，特别是国有大中型企业是国民经济发展的中坚力量。在发展社会主义市场经济的条件下，企业在加快转变经济发展方式中具有引导和带动作用。企业不能一味追求扩大规模，而应强调生产质量和效益，不能乱开乱采各种资源，而应重视技术研究和应用。企业实现由速度规模型向质量效益型转变，由资源经营型向科技效益型转变，从单一经营型向多元化经营型转变，从规模经营型向集约经营型转变，才能适应经济发展方式转变的要求。

　　完成企业四种转型，在此基础上创新企业品牌，发展生产。企业发展生产，关键在于提升企业科学文化水平，提高企业职工的素质，在中国特色社会主义理论指导下认真贯彻执行党的方针政策，实践社会主义核心价值观，打造全新的企业科学文化环境和气氛，用科学文化武装企业职工思想，适应和促进社会经济稳中求进的要求，为建设社会主义现代化服务。特别要建设好企业领导班子，既要革命化，又要有科学的头脑，这样才能引导企业做强做优，进入中国和世界先进企业的排行榜，壮中国人的志气，像大庆石油工人那样，为坚持和发展中国特色社会主义和建设小康社会做出新的更大的贡献。

二

　　创新是动力，发展是硬道理，创新发展企业科学文化是企业创新发展的重要任务。

　　企业是社会经济重要组成部分，是社会主义市场经济主要参与者，是社会经济发展的基础。

　　企业科学文化在发展中形成，并在社会历史发展中不断完善，不断丰富。

创新发展企业科学文化，可以提高企业职工科学文化素质，建立和谐的人际关系，促进社会和谐稳定，使人民安居乐业。

按规模分，企业分为大型企业、中型企业、小微企业；按所有制分，企业分为国有企业、集体所有制企业、混合所有制企业、外资企业和个体工商户。

加强企业科学文化建设，必须改善企业领导和改进工作方法，使企业创新发展，走上健康发展道路。

科学是一门学问，一种理论文化；是一种情怀，一种美好境界，要寓科学理论、文化情怀于创新发展企业之中。

企业科学文化创新发展，关系国计民生和人民富裕、国家富强；科学文化水平提高，将会改善人民群众生活，提升人民群众生活质量，让人民群众过上幸福生活，构建中国特色小康社会，使人民群众满意。

创新发展企业科学文化，要认真贯彻执行党的方针政策，培育和实践社会主义核心价值观，与时俱进，攻坚克难；要全心全意为人民服务，在社会主义理论指导下，为建设中国特色社会主义、实现社会主义现代化做出应有的贡献。

2015 年 5 月

会议与讲座

中国行政管理学会政策科学研究分会 20 周年庆典会

20 多年以前，中国行政管理学会在山东省孔子家乡，酝酿和筹备成立全国政策科学研究会，我因有事，请国务院研究室尹韵公同志代我参会。几年后，于 1992 年在江苏苏州市正式恢复全国政策科学研究会，20 年后，在北京航天大学公共管理学院召开成立 20 周年庆典学术研讨会。

出席庆典学术研讨会的理事代表、专家学者近 80 人，其中领导同志有国资委监事会主席解思忠同志，中国行政管理学会执行副会长兼秘书长高小平同志，全国政策科学研究会常务副会长兼秘书长刘东文同志，中宣部秘书长官景辉同志，中国行政管理学会副秘书长贾凌民同志、张学栋同志，研究会副会长裴文惠同志、高忠谦同志、赵琛同志、周双城同志，还有北航教授胡象明同志。

在 20 周年庆典会上，高小平同志首先代表中国行政管理学会致辞，表示热烈祝贺。这次会议由全国政策科学研究会主办，北京航天大学公共管理学院承办。会议围绕研讨会主题，开展学术研讨。

全国政策科学研究会成立20周年研讨会2012年在北京航空航天大学举行

学术研讨会结束后，参会理事代表、专家学者参观北航校园，领略校园风光，中午去北航教工食堂进餐，饭后，理事代表、专家学者自由活动。

北航的校领导赠送给每位参会同志一只"匡迪水杯"留作纪念。杯上印有"玉兰月影荣春梦，杯水茶香悦客心"的诗句。

全国政策科学研究会成立 20 周年庆典会圆满成功，给与会理事代表、专家学者留下美好的印象。

2012 年 8 月

2006 年西宁年会

2006 年 7 月 30 日在青海省西宁市召开全国政策科学研究会年会，会议主题是"建立企业和谐劳动关系"。

参加会议的理事代表、专家学者约六十人，其中领导同志有国资委主席解思忠同志，国务院研究室副司长陈美兰同志，国务院办公厅老干局局长郭建文同志，全国政策科学研究会常务副会长兼秘书长刘东文同志，哈尔滨飞机制造厂党委书记裴文惠同志，全国总工会机械行业工会主席高忠谦同志，华东理工大学博导叶海平教授。

研讨会围绕会议主题"建立企业和谐劳动关系"，大家展开热烈讨论，发言的同志根据自己的体会，指出建立企业和谐劳动关系，关系企业健康发展，也关系国家经济社会发展，关系国计民生。企业如果缺乏或者没有和谐劳动关系，就不能提高生产水平和效率，也就不能改善企业职工的生活水平，也就不利于建立和谐稳定的社会。有的理事代表、专家学者指出，建立企业和谐劳动关系，事关大局，不可掉以轻心，企业领导和政府有关部门，应给予高度重视，应认真贯彻党的方针政策，引导企业稳中求进，不断改善经营，不断取得良好成效，为全面建设中国特色社会主义做出更大的贡献，开创"建立企业和谐劳动关系"新局面。

青海地处青藏高原，在青海开会时有的同志包括我自己都有高原反应，但比在西藏时要好一些，不适感觉很快就过去了。

会议结束后，理事代表、专家学者参观了青海省两处中外旅游者必去景点，一是佛教圣地塔尔寺，一是青海省最大的淡水湖青海湖。

青海海拔没有西藏高，西藏拉萨海拔三千八百多米，青海西宁约两千八百或近三千米。所以，有的同志在青海适应高原气候之后，接着去西藏，一般不会发生什么问题。但青海毕竟是高原地区，一般人们如无工作需要，不会专程前往了。

2006 年 7 月

首届中国县域创新经济投资对接会致辞

2015 年 1 月 24 日，我受邀参加在北京市丰台区举办的首届中国县域创新经济投资推介会，并发表简短致辞，以示祝贺，致辞全文如下。

我国现有 2861 个县，创新发展县域经济是促进全国经济社会发展的基础，是关系农民致富的大事，具有重要的现实意义。

稳中求进的 2014 年在全国人民的欢声笑语中已经过去，全国人民又迎来了不平凡的 2015 年。在过去的一年里，同志们特别是县级领导同志，以中国特色社会主义理论为指导，认真贯彻党的十八大精神，学习落实科学发展观，弘扬和实践社会主义核心价值观，发展县域经济，促进社会经济发展，营造和谐稳定社会，在基层为人民服务的第一线，努力工作，艰苦奋斗，做了大量工作，取得一定成绩，在 2015 年新的一年里，相信同志们一定会发奋工作，艰苦奋斗，与时俱进，不断进取，创新发展，为实现我国社会主义现代化，全面建成小康社会，取得新的更大成绩，做出应有的贡献，实现伟大复兴美丽的中国梦。

顺祝与会全体人员身体健康，工作顺利，万事如意。

2015 年 1 月 24 日

创新发展企业科学文化

创新是动力，发展是硬道理；创新发展企业科学文化是企业经济发展的精神动力。

科学文化是社会上层建筑，企业经济是社会经济基础，上层建筑一定要适应经济基础，企业科学文化也要适应企业经济发展并为企业经济发展服务。

企业是经济细胞，也是经济社会发展的一个基础。发展企业经济会促进经济社会发展。

创新发展企业科学文化，也会提高企业和职工素质和科学文化水平。

创新发展企业科学文化，应以德为先。这样既可提高职工的政治素质也可提高职工的业务素质。

创新发展企业科学文化，应持之以恒，欲速则不达；应融入企业日常工作之中，日久天长，潜移默化，必见成效。

创新发展企业科学文化，要重视学习和培训，并将学习和培训计划列入企业发展日常工作之中。

创新发展企业科学文化，应在中国特色社会主义理论指导下进行，才能走向健康发展道路。

今天在全国政策科学研究会召开的创新发展企业科学文化研讨论坛上，希望各位企业家和专家学者各抒己见，畅所欲言，献计献策，为企业发展，为构建中国特色的小康社会，实现社会主义现代化做出应有的贡献，开创创新发展企业科学文化新局面。

祝论坛圆满成功！祝大家身体健康，工作顺利，万事如意！

2015 年 5 月

大同会议

2013 年 8 月 10 日，在山西省大同市召开全国政策科学研究会第四次代表大会暨 "政府职能转变的政策创新研讨会"，也是全国政策科学研究会换届会。出席会议的理事代表、专家学者约一百多人，其中领导同志有中国行政管理学会执行副会长兼秘书长高小平同志、副秘书长贾凌民同志，国务院研究室副司长陈美兰同志，哈尔滨飞机制造厂党委书记裴文惠同志，江苏省纪委副书记沈荣法同志，中国人事科学院院长、国际行政科学会副主席，中国行政管理学会副会长，全国政策科学研究会副会长吴江同志，全国政策科学研究会副会长高忠谦、赵琛、胡象明、周双城同志，资深学者单元庄院长，山西省行政管理学会秘书长安晓东同志，全国政策科学研究会秘书长解亚红同志。

这次研讨会的主题是 "政府职能转变的政策创新"。研讨会开始，高小平同志代表中国行政管理学会致辞，对全国政策科学研究会第四次代表大会召开表示热烈祝贺。

会上致辞的还有山西行政管理学会秘书长安晓东同志、中国人事科学院院长吴江同志等。

在研讨会上发言的有西安朝华管理学院院长单元庄、北京航天大学公共管理学院胡象明教授等 10 多人，大家围绕研讨会主题开展热烈讨论。发言的同志畅所欲言，提出不少宝贵建议，供上级领导参考。

会议在充分酝酿讨论的基础上，进行换届推选表决，推选贾凌民同志为新的会长，解亚红为秘书长，10 多位副会长也表决产生。我因连任两届会长，按照国家民政部有关规定，不宜再担任会长，改选时，被推选为名誉会长。大会按议程修改了《全国政策科学研究会章程》，并推荐产生第四届新的理事。会议圆满结束后，理事代表、专家学者自愿参观闻名世界的大同云冈石窟，有的同志还参观大同北边浑源县的 "悬空寺"。我出生在大同市，在大同师范学校读书学习，于 1955 年考入北京师范大学，毕业后在京参加工作，离开家乡，多年未回，故趁此机会，回家看看，访亲问友，会面叙旧，不亦乐乎。

2013 年 8 月

访问日本行政学会

1996 年在国务院研究室退休后，我被推荐到中国行政管理学会工作，任副会长，现任学术顾问。在中国行政管理学会工作期间，我曾接待过日本行政学会友好代表团访问中国行政管理学会，与日本行政学会代表团会见座谈。一年后，我率中国行政管理学会代表团，回访日本行政学会，代表团成员有中国行政管理杂志社社长鲍静同志。

这次代表中国行政管理学会访日，是我首次去日本，此前对日本比较生疏，经日本友人介绍，才对日本有所了解。当时，日本行政学会的会长是加藤一明，现已去世。"人息政亡"，所以现在日本行政管理学会和中国行政管理学会已无来往。

日本行政学会访问中国行政管理学会，受到热情款待，国务院办公厅领导还专门接见，似乎成为上宾。我们去日本回访，因日本行政管理学会是民间团体，没有政府支持，活动经费有限，日本行政学会会长加藤一明先生依靠自己的学生凑份子筹钱，勉强地接待，说不能和他们去中国访问受到高规格接待相比，表示歉意。这次访问，日方接待，比较简朴，参观活动没有专车，除了打的士，就是走路，吃住都很简单，但未影响我们第一次访问日本行政学会的热情。除了座谈、互相交流学会情况外，还带领我们在日本东京、大板神户、象征日本国的富士山等地参观，旅行中，加腾一明先生给我们每人发了一点"干粮"以解"燃眉之急"。访问行程尽管简朴，但我们还是学了不少知识，特别是初步了解了日本国情、民情。日本国人工作严谨，生活节奏快。在访问期间，我们还去了日本的京都，吃了日餐寿司、日本火锅，吃起来不太习惯，但也开了眼界，以后我又随旅行团去日本，对日本有了进一步的了解。

1997 年 8 月

昆明培训班

昆明是云南省省会，气候四季如春，冬天不冷，夏天不热，是内地不少部门和单位经常去召开会议或办培训班较好的地方。

在中国行政管理学会工作期间，我任学会副会长，曾多次和中国行政管理杂志社社长杨百喜同志在云南昆明办培训班，培训来自全国行政学界的年轻学员、政府工作人员和大专院校工作人员。

每年办培训班时，为了配合教学，组织学员去云南省主要而著名的文化古迹学习考察，经常去参观考察的有石林、丽江古城、瑞丽、西双版纳、大理等地。

昆明附近有闻名全国的云南石林，以石成林，十分壮观，素有"天下第一奇观""石林博物馆"的美誉。

丽江古城是云南省少数民族聚居的地方，参观的中外游客络绎不绝。古城丽江在夜晚参观，更有特色。少数民族的舞蹈表演，给人留下深刻印象。我除了办培训班陪学员去丽江参观，以后还同亲朋好友一道去丽江住了一宿。

作者2009年7月在云南丽江市海恩宗三队湿地旅游留影

西双版纳，是云南少数民族傣族聚居的地方。西双版纳接近缅甸，气候属亚热带，比较炎热。民族习俗有泼水节，参加活动的群众都互相泼水，欢笑声此起彼伏，十分快乐。周恩来总理曾在西双版纳和傣族人民一起庆贺泼水节，和群众一起泼水，为此，在西双版纳还塑造了周恩来总理铜像以示纪念，游客都到此拍影留念。

去丽江途经大理。大理是云南少数民族白族聚居的地方。白族人的生活习惯很好，家家户户收拾得干干净净，整整齐齐，有着良好的卫生习惯。大理还盛产大理石，制造各种器皿，特别是大理石花瓶成为旅游者购买的纪念品。我也购买带回了几个大理石花瓶，陈放在家中大厅，保留至今。

2009 年 7 月

报刊文章

党政分开新论

随着我国经济体制改革的深入和有计划的社会主义商品经济的发展，相应地进行政治体制改革的要求也日益迫切。

政治体制改革是调整上层建筑和经济基础的关系，它是我国社会主义制度的自我完善，自我发展。列宁曾经指出："如果没有国家机关，那我们早就灭亡了。如果我们不进行系统的和顽强的斗争来改善国家机关，那我们一定会在社会主义基础还没有建成以前灭亡"（《列宁全集》第 32 卷第 311 页）。社会主义国家机关通过这样"系统的和顽强的斗争"而达到的完善，其目的是为了加强和改善党的领导，真正实现社会主义民主，最大限度地调动广大群众的积极性，充分发挥社会主义制度的优越性。

政治体制改革的内容很广，它涉及各个方面，党政分开是其中的一个重要内容，也是政治体制改革的一个关键问题。党政分开是针对我国政治体制中存在着"党政不分"以及"以党代政"的弊端和"党去包办一切""干预一切"的现象提出的，改革就是要消除这种弊端和现象，理顺党政关系，解决党如何执政和加强、改善党的领导问题。在改革过程中如何正确理解党政分开，这是一个十分重要的问题。所谓党政分开，绝不是意味着党政要分家，权力再分配，划分出党应管的一些部门、政应管的一些部门，分开党和政的密切的有机的联系，将分开等同于分管；更不是党政要"平起平坐""平分秋色"，削弱或取消党对政的领导；而是要明确划分党政职责，实现党政职能分开，达到党对政的民主科学的领导。所以，党政分开后，党在国家的领导地位一定要稳定、巩固；而领导职能则会随着适应社会主义现代化建设发展的要求发生变化。

首先，要从理论到实践，从制度到观点，改变党领导一切就是"包办一切""承包一切"的思想和做法。在我国的社会主义条件下，从总体上讲，党领导一切是正确的，是应该坚定不移的。但是党并不可以也不可能管理一切，党只能管党务，而不应具体直接管政务，党要以自己正确的路线、方针、政策，从战略的高度去领导政，政要按照党指引的方向、道路去进行管理。孙中山先生说：

"政治就是对国家的管理。"这种管理要通过政府，而不是通过政党。当然，党的政策也需要通过自己在政权部门工作的有威望、有影响的党员去贯彻执行。这样看来，党政分开，显然不等于党政分管，它实际上是党的领导权和政的管理权，即党的领导工作和政的管理工作明确分开。党不要过多地干预行政管理，是有利于加强和改善党的领导的。邓小平同志指出：党应该居领导地位，但是"党也不能够代替一切，包办一切，现在尤其不能这样"（《邓小平文选》第 234 页）。从原则上说，各级党组织应当把大量日常的行政工作、业务工作，尽可能交给政府、业务部门承担，党的领导机关除了掌握方针、政策和决定重要干部的使用外，要腾出主要时间和精力做思想政治工作，做群众工作，干预太多，搞不好倒会削弱党的领导。

其次，要弄清党的领导职能和国家政府职能是两个不同的概念，两者是有区别的，不能混为一谈。执政党有领导权，这是毫无疑义的，但它既不是权力机关，也不是政权，所谓党政分开，也就是将党的领导职责范围和国家机构的职责范围划分清楚，绝不可等同起来，或合二为一。我们党章总纲规定，"党必须在宪法和法律规定的范围内活动"，也就是说，党不能有超越宪法和法律的权力，也不能超越或代替国家权力机关、行政机关、司法机关进行活动，而在党政不分，或以党代政的情况下，常常把党的领导职权和国家机关、行政管理机关的职权混在一起。把这几种职权划分开，在形式上似乎是个分工问题，在原则上则是一个必须分开的问题。这个职能、职权划分问题解决了，党管什么，政管什么也就明确了，运用党的权力才可受到法律的制约。实践证明，任何一种权力都应该是制衡的；不受制约的权力，发展下去是会腐败的，要避免出现超过法律、凌驾国家之上的特殊权力，或党的机关权力化和官僚主义，以利于正确地实现执政党的领导作用。

写作于 2001 年，2002 年在《人民日报》刊登

地方政府要做好承接落实工作，加强事中事后监管

政府职能转变是贯穿改革开放以来我国政府改革与创新的中心议题，新一届政府将进一步推进行政审批制度改革作为重要抓手，以切实可行的手段循序渐进地推进改革，这次转变职能，放和管是两个轮子，只有两个轮子都做圆了，车才能跑起来，地方政府要做好承接落实工作，要加强改革启动之后事中事后的监管。

一、推进地方政府改革，承接落实职能转变

转变政府职能需要中央与地方的协同努力，以行政审批制度为突破口的政府职能转变，需要地方政府在中央政府的统筹安排之下，结合当地的实际情况，通过体制机制创新和工作方式转变，以实现政府职能转变的相互衔接。要突出强调地方政府在政府职能转变中的重要作用，地方各级政府要转变管理理念，改进工作方式，做好中央政府各项改革措施的承接落实工作。政府改革是以自上而下的简政放权为启动点，中央政府通过取消和下放各项行政审批权以推动政府职能向创造良好发展环境、提供优质公共服务、维护社会公平正义转变，进一步激发市场、社会的创造活力。在国务院取消和下放各项行政审批活动之后，地方各级政府就必须有足够的思想认识和工作能力做好相关的承接工作。

承接落实权责，进退运作适当。简政放权转变政府职能要充分发挥地方政府贴近基础、就近管理的优势，将下放的审批权力行使得当，将取消的审批事项落到实处。在具体的承接落实过程中，要把该放的权力放开放到位，要避免变相反复，政府要收缩自己的统制领域，从不该管的领域中完全退出来，将市场和社会作为重要的治理和发展主体，通过体制机制的设定充分调动它们的积极性和创造性，完成从计划经济到市场经济，从社会控制到社会管理的根本性转变。政府要把该管的事务管住管好，避免管理缺位，政府要"拓展"自己的监管范围，将应该管的高质量地管起来，适应社会经济发展带来的新环境，解决时代进步带来的新问题，回应社会各领域提出的新要求，以新的治理理念和方式与时俱进地承担起维护社会良好秩序、实现公共利益增进的责任。

下移审批重心，放权市县政府。由国务院下放的行政审批权，要努力实现重心下移，将投资审批、生产经营活动审批、资质资格许可认定等权力下放到市县一级。由于基层政府直接面对群众，对于关乎群众切身利益的各种事项拥有更充分更可靠的信息，在具体的审批环节中更能切合当地实际对项目中所要监管的情况加以关注，群众对于审批中出现的各种问题也能够更方便地得到回应解决。改变以往存在的掌握审批权的层级过高，不能直接面对实际，死抠条目，繁文缛节，过分注重无关紧要的细节，而对审批项目的要害问题不甚了了。因此，行政审批权的工作必须做到位，能彻底下放到市县政府的，省级政府不能中间截留。要根据行政审批重心下移的需要减少省级政府相关领域人员编制，增加市县从事行政审批工作人员的编制配给，同时要按照财力与事权相匹配的原则，调整完善省级对市县专项转移支付制度。

简化审批程序，防止变相反复。地方政府在执行行政审批的过程中，要简化审批程序，最大限度地减少预审和前置审批环节，将中央政府简政放权的精神落实到位，切实做到向社会、市场放权，以激发其积极性。各级政府要组织检查监督，防止取消审批事项的变相反复。有调查显示，有些取消审批改为核准和备案多仍是变相审批，过程依然项目多周期长，无审批之名，行审批之实。有些项目甚至由于不按照既有的规范的审批程序进行，反而导致需要经过更烦琐更随意化更不可预期的手续。有的行政审批项目表面上被取消，但其实被取消的项目往往被作为子项目"打包"纳入到其他的审批项目中。这种变相反复的"兜圈式改革"，说到底还是利益使然，要规范清理政府审批和核准项目清单，将改革措施做到位落到实处，要注意控制经济社会变革中政府权力一时收缩之后，再次扩张的冲动。

二、加强事中事后监管，避免政府管理缺位

在中央政府通过简政放权实现政府职能转变的背景下推进地方政府改革，推进简政放权、减少行政审批等事项绝不能等同于政府完全退出，要避免由于承接不到位所出现的管理缺位，防止国务院下放的行政审批权由于缺乏承接主体而导致市场监管领域中的"一放就乱"。地方政府特别要通过加强制度建设，转变工作理念，改进工作方式，加强事中事后监管力度。要严格执行国家法律法规，发展规划和产业政策，加强对市场主体和市场行为的监督管理，着力规范市场秩序。确立适应社会主义市场经济需要的政府职能定位，必须高度重视政府对市场的监管机制构建，创新监管体制。

通过政府强有力的监管，规范市场经济秩序。保护合法企业收益，是企业实现由投资扩张驱动转向依托科技创新提升市场绩效的制度保证。当前市场运作中，假冒、仿制、不正当竞争等非法经济现象屡见不鲜，由此造成企业的违规成本低，守法成本高，导致企业的创新驱动乏力，守法经营积极性不强。有调查显示，近90%的受调查企业认为当前政府监管对保障公平竞争环境的作用尚未充分发挥，其中有35%认为监管严重不到位。因此，在简政放权转变政府职能的背景下，既要强调政府权力在从审批准入环节收缩，也要注重政府权力在规范监管环节中拓展，将政府应该管的事情管起来，管住管好。

加强属地执法管理，推进协同政府建设。强化政府对市场社会的事中事后监管过程中，要重视市县基层政府的作用，通过制度安排落实市场监管的属地管理，将执法重心下移到市县一级。要适应建设社会主义市场经济的要求，加强市县一级行政执法市场监管队伍的建设，着力提升执法监管人员的素质，加大对执法监管工作的支持力度。有调查显示，当前我国较之于市场规模和复杂程度而言，弱势乏力的政府监管已经对我国的产业结构升级形成了阻碍性因素。如在医药监管领域，美国FDA约有1.2万名药品审评员，而我国专业审评员只有87人，监管人员的缺乏导致创新产品候审时间过长、评审周期过长，甚至无法预期核实获批。因此，政府职能转变必须将强化市场监管提上日程，通过监管规范市场，通过监管发展市场，通过监管优化市场。同时，要注重协同政府建设，加强不同行业不同地域间的综合执法，通过跨部门跨行业的整体行动避免多层执法、多头执法。为此，省级政府要着眼于维护市场统一和公平竞争，加强对市县政府审批监管工作的协调整合、规范管理和监督指导。

推进行政事务公开，明确政府监管责任。加强政府的市场监管职能，既是对企业生产产品的约束，也是对政府职能承担的要求，没有到位的政府监管就没有成熟的市场经济。加强市场监管力度要求进一步推进政府制度建设，对政府的市场监管行为做出强有力的规范约束。对于由于市场监管不力而出现的问题，在查处问题企业的违法行为的同时，必须追究有关政府机构及其工作人员的责任，理清主体责任，承担问题损失，对政府的失职行为进行行政问责。要加快法治政府建设，完善依法监管的各项制度安排，要明确市场监管的承担主体，行使监管的程序范围，具体的行政裁量依据，使得政府的市场监管部门能够依照法定权限和程序履行职责。进而要通过行政事务公开，将政府的监管活动的行使依据、具体流程、职责承担、处理结果向社会公开，让权力在阳光下运行，并通过各项监督制度的建立，强化上级政府对下级政府的督导督查，严格执行行政问责制度和绩效管理制度，要通过制度创新拓宽群众监督渠道，让人民对政府的市场监管行为进行监督。

提升政府监管力度，强化产业国标约束。加强政府对市场的监管职能，建立统一规范的国家标准是基础，落实国家标准的硬性约束是关键。由于我国的市场经济是在改革计划经济的基础上建立起来的，政府在制定各行业市场监管的国家标准方面有许多的空白需要及时填补。这要求我们必须与时俱进地制定、掌握并运用国家标准，建立既能保障安全，又能促进创新的全方位高效率的政府监管体制。现在有的地方政府为了追求 GDP，追求局部的眼前的利润，采取地方保护政策，执行国标打折扣，这其实是在保护落后的生产力，必然导致可以达到更高标准的企业没有投资创新积极性，缺乏促进产业升级的主动性。通过制定明确的国家标准规范市场行为，引领产业升级应该成为建设社会主义市场经济的重要抓手。有调查表明，欧美国家各种建筑钢材标准强度不小于 500 兆帕，我国只有螺纹钢的标准是 400 兆帕，由此导致使用等量的钢材，我国的建筑寿命就短 1/3 以上。政府通过制定适度超前的国家标准，可以形成一种倒逼机制，从而促成产业升级，推动科技创新的实现。

优化服务供给机制，推动社会自律自治。我国的各级各类企业和社会组织自改革开放以来，随着政府权力结构的调整才获得了广阔的发展空间。由于发展时间较短，自我规范能力不强，并面临各种制度环境约束，较之于政府的资源占有，市场和社会处于相对弱势的地位，它们的发展尚需要政府通过开放制度空间、优化服务供给机制，推动行业自律自治等措施予以引导、保护和扶持。政府要打破既有观念束缚，高度重视市场、社会在公共服务供给和社会资源分配中的重要作用，通过体制机制创新培育社会组织，将社会组织能够自我管理的事务归还给社会，并通过政府向社会组织购买公共服务等方式将社会力量纳入到公共治理的框架中来。

转变公共治理理念，创设服务供给平台。政府在公共治理时代不再是社会资源的垄断性独占者，更不是公共服务的唯一供给者。政府要转变治理理念，进行角色转换，从以前的服务供给者转变为组织协调者。特别是地方政府要充分重视辖区范围内的各种社会组织资源，根据具体情况，因地制宜地改进和创新公共服务的供给模式。通过对社会组织的资源整合、潜力挖掘、统筹协调，构建适应当地社会经济文化条件的服务体系，打造综合高效的服务供给平台，充分发挥社会组织所具有的资源优势，从而卓有成效地加强基本公共服务保障功能。地方政府要通过财税优惠、政策配套、资源共享等方式鼓励和扶持社会组织的发展，积极拓展它们参与公共服务供给的渠道，要建立统一规范的制度安排，要对社会力量的服务供给予以一视同仁的对待，要严格地按照法律法规和市场规律办事，不能有偏见、搞打压。

建立健全制度机制，规范政府购买服务。政府向社会组织购买公共服务是按照市场经济运行规律，通过公开公平竞争机制，依循平等自愿原则而实现公共服务优化供给的制度安排，具有规范政府权力运作、激发社会力量热情、整合多方资源优势、提升服务绩效水平的优势，要通过建立健全制度机制，将政府向社会组织购买公共服务纳入到制度化、规范化、科学化的轨道中。首先，政府要通过深入地调查研究，了解民众的需求情况，在科学论证的基础上形成公共服务供给的明确标准，包括时间地点、服务品种、产品质量等，通过广播、电视、网络等大众传媒工具向社会公开需求情况。要建立公开、公平、公正的招投标机制，平等地对待各级各类社会组织，协同具体服务需求者、政府主管部门、相关领域专家等严格按照服务需求标准从竞标者中优中选优，实现购买服务绩效的最优化。最后，政府必须对公共服务供给状况进行全程跟踪，建立对公共服务产品的制度化监督评估机制，通过调查服务受众群体的感受情况，引入第三方进行专业的科学检测，定时对服务供给状况进行全方位测评，将测评结果向社会公布，通过反馈机制对出现的问题及时处理，落实责任。

推进行业自律建设，提升社会自治能力。改革开放以来，经济社会组织的蓬勃发展为繁荣市场经济和创新社会管理提供了可以依托的行动主体，也为构建公共服务供给多元主体的协同平台奠定了组织基础。但毋庸讳言的是，我国的各类经济社会组织由于历史制度的路径依赖，其发展面临诸多困境，需要政府通过体制机制创新予以积极的引导、规范和培育社会组织。政府对经济社会组织发展的介入，应当基于治理发展的扶助支持。这就要求政府在制定法律法规时，既要着眼于对经济社会组织的依法监管和规范整顿，更要着眼于提升其自律精神的自治能力的培育。政府要积极创设条件构建社会信用体系的建设，为经济社会组织的自律自治创造必要的基础性制度安排。政府要引导经济社会组织建立健全行业自律和自我监管机制，以推动经济社会组织完善内部治理结构，提升社会组织的自治能力，利用经济社会的自身力量规范行为实践。

2010年写作，2010年在《人民日报》刊登

创新发展生态健康农业

　　创新是动力，发展是第一要务。创新发展生态健康农业关系农民致富，关系国计民生，各级政府和有关部门务必高度重视和关注。在全面改革开放和发展社会主义市场经济的条件下，创新发展生态健康农业，推动社会经济持续发展，对全面建成小康社会，实现我国社会主义现代化具有极其重要的意义。

　　创新发展生态健康农业，有利于改造和利用湿地，植树造林，绿化环境，发展特色经济，保障食品安全与人民健康和家庭幸福。发展创新生态健康农业，改善人民生活，促进和谐社会稳定，有着不可估量的作用，这种利国利民的善举，应该大力支持和发展。在中国特色社会主义理论指导下，学习落实科学发展观，弘扬和实践社会主义核心价值观，依法创新发展生态健康农业，开创创新发展生态健康农业新局面，为实现我国全面建成小康社会，实现社会主义现代化做出应有的新贡献。

作于 2015 年

创新发展加快实现城市治理现代化

最近，我在学习研究创新发展，加快实现城市治理现代化问题。创新是灵魂，发展是第一要务，是社会进步必由之路。在创新中发展，在发展中创新。在改革开放和发展社会主义市场经济的条件下，实行全面改革，加快实现城市治理现代化，必须解放思想，稳中求进，改善人民生活服务，实现伟大复兴的中国梦。

加快实现城市治理现代化，第一，要依靠广大人民群众的力量，群策群力，献计献策，与时俱进，不断进取，科学发展，克服困难，迎难而上，为民谋利，利民利国，使人民群众满意。

第二，加快实现城市治理现代化，要有正确科学的社会主义理论为指导，贯彻落实科学发展观，实践和弘扬社会主义核心价值观。在创新发展的道路上，跨步前进，取得实效。

创新发展和创业就业研讨会2013年在长沙举行

第三，加快实现城市治理现代化，要有科学正确的政策措施，遵循自然发展科学法则，遵循客观事物发展规律，有计划地循序渐进，为实现祖国社会主义现代化，为全国人民早日全面进入小康社会做出贡献。

加快城市治理现代化，要敢于创新、立足发展、开创社会主义现代化建设新局面，探索创新健康发展的正确道路。加快实现城市治理现代化，应率先在江苏省南京市落实实践，顺理成章，画出最新最美的画卷，造福人民，营造和谐稳定社会。

加快城市治理现代化，一定要创新制度，用制度约束自己的行动，建立健全符合民情社情的制度，充分发挥中国特色社会主义制度优越性，开创社会主义现代化新天地。

加快实现城市现代化要以人为本，不断提高人民群众的素质，不断提高人民群众的文化科学和文明水平，尽快改变城市和社会面貌，在人民群众中树立良好形象。

加快实现城市现代化，必须加强法制，依法治国，用法律规范自己的行为。要依法实施，依法行政，遵纪守法，为政清廉，廉洁奉公，纠正"四风"等歪风邪气，严肃认真地按照规章制度办事，提高为人民办事的效率，全心全意为人民服务。

加快实现城市治理现代化，要节能减排，治理雾霾，营造和维护生态绿色环境，使环保、社保等各项工作，跨上一个新台阶。

作于 2013 年，2013 年在《城市治理》杂志刊登

加强科技创新发展

科技创新发展是社会经济持续发展的内在动力；发展是硬道理，也是中国特色社会主义社会发展的一个重要主题。创新才能使社会发展走上新的正确轨道，发展才能使人民和国家立于不败之地。科技创新发展是社会生产力和综合国力的战略支持，不仅有利于国计民生，而且有利于国家建设。科技是生产力，先进的科技不仅对不断提高自主创新能力，贯彻精品路线，促进民政事业开展，不断为人民造福有现实意义，而且对提高国民素质和道德修养，以及品质情操、文明礼貌水平，巩固国家安全，加快社会进步，协调生产关系，促进国民经济持续健康发展，社会和谐稳定，具有极其重要的意义。

党的十六大以来，党中央、国务院十分重视科技创新发展，制定了国家中长期科技发展规划，科技投入持续增加，科技产业成绩显著，科技发展成果丰硕，科技成就振奋人心，科技人才群星辈出，国家创新动力不断增强，科技事业长足发展。我国社会生产力、经济实力、科技实力，迈上一个大台阶。同时，我们也应看到，科技创新也存在一些实际问题。比如：科学发展不平衡、不协调、不可持续的问题仍然存在，在一些领域科技发展水平和世界先进发达国家相比还

全国政策科学研究会发展循环经济研讨会2005年在唐山举行

存在一定差距和不容忽视的问题。

今后我们要增强科技创新发展和科教兴国以及国家长治久安的理念，强化创新发展意识，探索构建科学发展的新机制，着力加强科技创新发展能力，坚持艰苦奋斗、自力更生，抓住机遇、迎难而上，克服困难，深入学习贯彻党的十八大精神，全面深化改革，认真实践和落实社会主义核心价值观，实现伟大复兴的中国梦，大力发展科技事业，开创科技事业发展的新局面。为全面建成小康社会，加快我国社会主义现代化建设做出新的更大的贡献。

作于 2005 年

创新发展促进企业科学文明建设

　　创新，企业才能发展；发展，企业才能强大。创新发展才能提升企业创造力和竞争力；创新发展才能促进企业科学文明建设。企业是社会生产基本单位，是社会经济的基本细胞，是社会经济发展的基础。

　　企业科学文明建设，关系到企业形象和职工素质，必须引起政府有关部门的高度重视，给予一定支持。

　　企业科学文明建设，必须认真全面贯彻党的十八大精神，学习落实科学发展观，弘扬和实践社会主义核心价值观，塑造企业良好形象，提高职工政治和文化素质。良好的企业形象和高水平的职工素质会促进企业生产发展和结构调整。创新发展，改善企业绿色生态环境，不断提高职工生活水平和生活质量，惠民生，富百姓，利国利民。创新发展，促进经济可持续发展，营造和谐稳定社会，为人

作者在上海宝钢参加企业后勤改革与发展座谈会

民谋福祉，为国家做贡献。创新发展，实现伟大美丽的中国梦，为全面建设具有中国特色社会主义做出应有的贡献。在中国特色社会主义道路上，向新的目标，跨步前进，开创社会主义现代化建设的新局面，取得企业科学文明建设更新更大的硕果。

作于 2015 年

创新发展绿色生态农业，提供安全健康食品

　　创新是动力，发展是第一要务。创新发展会开创事物发展新常态新局面。民以食为天，创新发展促进农业发展，提供安全健康食品，关系到人民的身体健康和生命安全。

　　创新发展绿色生态农业关系国计民生，关系改善人民生活质量。

　　创新发展绿色生态农业，提供安全健康食品是一个系统工程。要在中国特色社会主义理论指导下，夯实基础，抓住每个环节，迎难而上，攻坚克难，创新发展绿色生态农业，提供健康安全食品，为农民致富服务，为城乡居民服务。

　　创新发展绿色生态农业，提供健康安全食品，应引起农业部门和政府有关部门的高度重视和关注。创造条件，使绿色生态农业健康发展，将健康安全食品提供到各家各户的餐桌上。

　　安全健康食品，看起来是平常事，实际上事关大局，关系到社会和谐稳定和国家兴旺发达。人人都健康，家家都平安，才能家和万事兴，人们才能搞好工作，事业有成，为社会做出一定贡献。

　　创新发展绿色生态农业，也会促进经济社会稳中求进，平稳较快较好发展，造福人民，造福国家。

　　创新发展绿色生态农业，提供安全健康食品，人人关注，人人有责。把这件看似平常、实际上事关大局的事情做好做优，为全国人民提供安全健康食品，同时为出口创汇，为我国社会主义现代化建设添砖加瓦，为全面建成小康社会而努力奋斗。

作于 2015 年

发扬革命传统，开展廉政建设

经济要发展，政府要廉洁，党政机关和国家工作人员廉洁奉公是改革开放和社会主义现代化建设顺利进行的重要保证。我们的党政机关、各级人民政府都是为人民服务的。我们的国家工作人员是为群众办事、为群众排忧解难的。清正廉明，奉公守法，是我们党政机关特别是领导干部的本色。这种本色，过去无论在革命战争年代，还是在和平建设时期，都受到了人民的称赞。这是我们党和政府的优良传统。

近几年来，在改革开放和发展社会主义市场经济中，党政机关的少数意志薄弱、追求物质享受的人，经不起考验，见利忘义，以权谋私，被"糖衣裹着的炮弹"连连击中，滋生了腐败现象，出现了腐败分子，在某些领域、某些方面还相当严重。这些问题，日益引起群众的强烈不满，损害了党和人民政府的形象，也败坏了改革的声誉。为了保持党政机关和国家工作人员的廉洁，1988年中共中央发出了《关于党和国家机关必须保持廉洁的通知》。各地方、各部门也从实际出发，根据自己工作的特点，采取实际行动，有针对性地开展了廉政制度建设。

当前的廉政制度建设基本的要求，已不仅是单纯地号召发扬艰苦奋斗作风，反对铺张浪费（这当然是应该大力提倡和长期坚持的），而是为了适应发展社会主义市场经济的需要，适应改革开放的新形势，要不断提高国家行政机关管理行为的规范程度和公开程度，消除营私舞弊、以权力换金钱的温床和可能，克服腐败现象。总结实践经验，要使廉政建设取得实效，必须切实做好以下几方面的工作：

一、加强廉政教育，提高国家工作人员的政治素质。应加强日常的教育，不要总是等到出了问题再抓。通过经常的有效的思想政治工作，创造廉洁的风气和环境，增强广大干部对腐败现象的抵抗力，把为政清廉真正变成从领导到每个工作人员的自觉行动。那种把反对腐败现象寄希望于搞运动，忽视日常的深入细致的廉政教育，是难以防微杜渐的。

廉政教育的基本内容是，不管条件如何变化，应该始终坚持革命传统教育、全心全意为人民服务教育、遵纪守法教育，并使之制度化。在20世纪60年代初，我国全民学雷锋，全体干部学焦裕禄，一度形成清正廉明的政风和良好的社会风尚，这种宝贵的经验，曾被有的发达国家学习借鉴，我们有什么理由弃掉呢？

二、建立廉政制度，强化制约机制，使政府工作人员切实做到依法办事，照章办事。出现腐败现象，固然与某些人的思想、作风、品质有关，但也与新旧体制转换过程中，规章制度不健全，办事不公开，管理混乱有关。"制度好可以使坏人无法任意横行，制度不好可以使好人无法充分做好事"（《邓小平文选》第293页）。因此，扎扎实实地建立并不断完善廉政制度是非常必要的。

廉政建设最主要的是两条：一条是公开，即增加政务活动的透明度。凡处理同广大群众利益直接相关的事情，要积极推行公开办事制度，公开办事结果。另一条是监督。有监督，公开才能坚持、有效。要把政府管理部门，执法部门，掌管人、财、物的部门和公用事业部门，行使各种权力都置于法规、制度的约束和广大干部、群众的监督之下，公事公办，公事照办，反对公私不分，公事私办。

三、强化群众监督，建立举报中心，使坏人坏事、腐败分子无处藏身，无法得逞，促进国家工作人员廉洁奉公。有了制度，还需要有效监督。制度和监督有机结合才能奏效。要通过强化和完善监督机制，保证制度的贯彻执行。举报是一种重要的监督形式。它可以制止或减少腐败现象的滋生、蔓延。即使出现了诸如吃拿卡要等不良行为、腐败现象，在众目睽睽之下也容易败露，从而受到制裁。到1989年初，全国检察院系统设立的罪案举报机构已达2500多个，监察部在各地设立的举报机构已达500多个，有力地推动了整治腐败现象工作的深入。当然，监督还有其他形式，如社会舆论监督，既揭露腐败现象，又宣传廉政建设中的先进典型；专职监督部门的监督；政法部门的自身监督和相互监督等，都要充分发挥作用，使廉政建设形成一套有效的监督机制。

四、整肃政纪，严厉打击贪污受贿等违法违纪行为，促进廉政建设。教育不是万能的，制度也不能包医百病。对于那些侵犯人民利益和国家利益的违法乱纪者，不管是谁，必须严肃处理，该处分的处分，该判刑的判刑，决不能手软和姑息养奸。

五、廉政建设要发挥党组织的作用。中国共产党是一个执政的大党。8700多万党员生活在广大群众之中，这样一个有组织的集体举足轻重，影响巨大。应该看到，党员带头，什么事情都好办，党员不带头，什么事情也难办。要加强党组织的自身建设，党要管党，从严治党，提高党员的政治素质，依靠党的领导，依靠广大党员的先锋模范作用，来保证廉政建设。

六、各级领导特别是高级干部要带头做出表率。要求下面做到的，首先上面要做到。执法、监督部门要加强自身建设，提高政治和业务素质。只有自己清廉，"两袖清风，一身正气"，才能铁面无私，敢于碰硬。廉政建设的重点当然是上层党政领导机关，但是也包括国有企事业单位的各级领导。从目前的情况来看，企业特别是政企不分的公司，存在的不廉洁现象一般比党政机关更突出，有的进行非法经营，已经成为滋生腐败现象的温床，必须通过治理、整顿，把企业、公司、事业单位内的党政机构纳入廉政建设的轨道。

只要上下一致，同甘共苦，我们就一定能够恢复和发扬为政清廉的优良传统，并带动和形成良好的社会风尚。这样，廉政制度建设也会推动社会主义民主政治建设，推动社会主义市场经济新秩序的建立，推动治理整顿的顺利进行。

作于 2010 年

腐败现象与市场经济没有必然联系

改革开放以来，随着经济的发展，反腐倡廉反反复复，时起时落。特别是在当前建立和发展社会主义市场经济体制的条件下，腐败现象不但没有遏制，反而呈蔓延之势。于是一些人产生了一种疑虑，担心发展市场经济，是不是容易滋生腐败。

腐败是权力的腐化变质。腐败现象古今中外都有，关键是当权者敢不敢和能不能遏制腐败。腐败现象与搞不搞市场经济没有必然联系。

不可否认，市场经济有诱发唯利是图的因素，市场经济中的相互竞争、优胜劣汰，也难免出现损人利己、尔虞我诈。但是，市场经济不等于腐败，也并非市场经济越发展越需要反腐败。滋生消极腐败与发展市场经济不成正比，没有任何根据可以得出这样一种结论：市场经济越发展，消极腐败越严重。市场经济严格地说是法制经济，要求平等竞争，相互履约，重信誉，守条律，在某种程度上可以抑制一些腐败现象。近年来，社会上消极腐败的一种表现，就是公款请客，大吃大喝，三令五申，屡禁不止，而且愈演愈烈，挥霍无度，浪费惊人，理所当然地引起群众不满。然而，有人辩解说："不吃不喝市场疲软，大吃大喝市场不软"，把大吃大喝、挥霍浪费，归结为发展市场经济之所必需。其实这也是一种曲解。据说在一些市场经济比较成熟的发达国家，就没有"吃喝风"，他们请客送礼要自己花钱。在新加坡的饭店不论是请客，还是自餐，吃剩下的东西浪费了还被罚款。可见，吃喝风的根源不在市场经济，而在于公款请客，挥金如土不心痛。如果请客吃饭掏自己的腰包，消极腐败的吃喝风也许就吹不起来了。

消极腐败并不是发展市场经济必然产生的。而相反地腐败现象则会影响市场经济的发展，甚至会扰乱市场经济的建立。特别是在由计划经济体制向市场经济体制转轨的时期，出现的种种消极腐败现象，诸如利用职权，以权谋私；权钱交易，化公为私；贪污受贿，走私贩私；官商不分，官商结合；权力商品化，经济权力化；以及只要有钱什么都能办、什么都好办的不正之风，实质上都在阻碍着市场经济机制的正常发挥和社会主义市场经济的健康发展。

　　消极腐败现象的产生和蔓延有许多因素，其根本的原因如下：一是对以权谋私、不正之风惩治不力；二是反腐倡廉的法制不够健全。缺少约束机制，缺乏办事透明度，缺乏监督措施，甚至有法不依，执法不严，以及贪赃枉法。所以，在一定意义上讲，消极腐败是容忍以权谋权和法制不严的产物。因此，反腐倡廉应从制度上、教育上着手，采取硬措施，既要大抓（当作大事），又要狠抓（敢顶硬，动真格），而不是去限制和非议市场经济。

　　反腐倡廉与发展市场经济不是对立的，而是相辅相成的。不能因为发展市场经济而对消极腐败现象放任不管；也不能因为要反腐倡廉而不去加快发展市场经济。反腐倡廉是我们党的优良传统和政治优势，在发展市场经济中，不仅不应当丢掉这种传统和优势，而且要在发展市场经济的大海中经受考验和发扬光大。只要我们坚持"两手抓"，"两手都要硬"，建立和完善社会主义市场经济体制，会有利于反腐倡廉；而反腐倡廉也是建立和完善社会主义市场经济体制不可缺少的内容，反腐倡廉取得成效，必将保证社会主义市场经济健康发展。

作于 2016 年

国家行政机关要为基层企业服务

《中共中央关于经济体制改革的决定》指出：实行政企职责分开、简政放权，是社会主义上层建筑的一次深刻改造。体制改了，组织机构和思想作风也要改，使各级领导机关把自己的全部工作切实转到为生产服务，为基层和企业服务，为国家的繁荣强盛和人民的富裕幸福服务的轨道上来。企业是国民经济的细胞，是工业生产和商品流通的主要的直接承担者，是发展社会生产力的基础。当前，国家行政机关如何为企业服务，管好企业，管活企业，对实现经济体制改革的总目标——解放生产力，发展生产力，促进四个现代化的建设，具有十分重要的现实意义。

新时期、新任务要求新的管理体制

根据马克思主义的国家学说，无产阶级和全体人民经过革命，夺取了政权，"剥夺了剥夺者"之后，领导和组织经济建设就成为国家机构的一项基本职能。但是，在社会主义革命和社会主义建设的不同历史时期，国家机构特别是政府部门即国家行政机关，履行这一职责的任务、内容、方式、方法都是不同的，而不应该是一成不变的。

在无产阶级掌握了国家政权的初期，在夺取全国政权以后，我国进入了恢复国民经济和"一化三改"的过渡时期，国家机构管理经济的主要任务和内容是消灭和改造旧的生产关系，建立新的生产关系，即建立社会主义的经济基础。列宁在十月社会主义革命胜利以后，谈到苏维埃政权的当前任务时曾指出："社会主义党在世界上第一次基本上完成了夺取政权和镇压剥削者的事业，紧接着就要解决管理这个任务。这个任务就是用新的方式建立千百万人生活上最深刻的经济基础。这是一个崇高的任务，因为只有解决这个任务之后，才可以说俄国不仅成了苏维埃共和国，而且成了社会主义共和国"（《列宁全集》第 27 卷 221 页）。从中华人民共和国成立到 1956 年，我国就基本上完成了这个任务：完成了对生产资料私有制的社会主义改造，建立了生产资料公有制的社会主义经济基础。我国现行的行政管理体制，也就是在这一历史时期、这一基础上建立起来的。由于当时国家机构管理经济职能的主要目标是改造私有制、建立公有制，并且在很大程度上是依靠政权力量来行使经济职能的。所以，在客观上就形成了国家行政机关管理经济的指令强制性、集中统一性，全民计划性的特点。经济活动的产、供、销，人、财、物，基本上通通由政府部门统起来，包下来，实行计划生产，统一分配，定量供应，控制消费，节衣缩食，积累资金，集中力量发展全民所有制的社会主义经济，即国营企业。这一套管理体制在当时是可行的、有效的，在一定的历史条件下也是必要的。但是，随着我国社会主义改造任务的基本完成和社会主义制度的基本建立，国家行政机构履行管理经济职能的任务、方式、方法等必然要发生相应的变化，要"由解放生产力变为保护和发展生产力"（《中国共产党第八次全国代表大会关于政治报告的决议》），由改造旧的生产关系，变为保护和发展新的生产关系。为了适应这种历史性的转变，1956年党的八大提出了全国人民的主要任务是集中力量发展社会生产力，逐步满足人民日益增长的物质和文化需要；同时也提出要"适当地调整中央和地方、上级地方和下级地方的行政管理职权。然而由于种种原因，特别是由于"大跃进"违背经济建设的客观规律和"文化大革命"十年动乱的严重干扰，我们党和国家的工作重点始终不能转到经济建设的轨道上来，使原来从改造所有制出发建立起来的带有外国模式色彩和具有我国革命战争年代供给制传统的国家行政管理体制，不但没有相应改变，反而在向"左"的方向发展。总的倾向就是对基层、对企业越来越统得过死，管得过紧，抓得过细，包得太多，平均主义，一条宗旨就将下面的基层企业管住、管严，不重视或者不承认发展社会主义的商品经济。这在实际上是把社会主义经济作为产品经济来管理，使企业缺乏活力，缺乏动力，缺乏市场的应变能力。日久天长，随着设备的陈旧、技术的落后和人员的不断增加，企业的劳动生产率日益低下，使社会主义的优越性不能得到充分发挥。

党的十一届三中全会以后，我们国家的工作重点转移到经济建设上来。对外实行开放，对内搞活经济，我国的社会主义建设进入了一个新时期，经济生活出现了新局面，国家行政机关履行管理经济职能的任务发生了变化，已经不是改造所有制、建立公有制的经济基础，而是自觉地运用价值规律有计划地发展社会主义的商品经济。在这种形势下，原来在社会主义改造时期形成的并一直延续下来的行政管理体制，已经陈旧落后，很不适应新形势，必须通过一系列的改革，加以深刻的改造，从而建立起新的管理体系，将企业管好、管活，使其创造出比资

本主义更高的劳动生产率，以适应发展社会主义经济的要求。

行政管理要从机构上、方法上、思想上为企业服务

国家行政机关为基层企业服务，上面为下面服务，实质上就是上层建筑为经济基础服务。这一历史唯物主义和辩证唯物主义的观念，国家行政机关和政府工作人员必须牢固地树立，而决不能把这一观念弄颠倒了，让下面为上面服务，基层为行政管理部门服务。但是，要切实解决好这一问题，仍须从行政管理的组织机构、制度方法、思想作风上彻底改变一些传统观念，突破老框子，探索新路子。

当前，国家行政机关要为企业服务，首先要按照为人民服务和精简、统一、高效的原则，搞好政府机构的改革，使机构配置更合理，运转更科学，工作更有效，符合经济发展的客观规律。

我国政府经济部门的机构，根据任务和需要曾进行过多次精简。但是，机构的性质、职能始终是经营性的，始终承担着大量的事务工作。垂直领导，"一竿子插到底"，包揽了许多不该管、本来应由基层企业管的事情。统计报表天天送，审批手续件件办，工作量越来越大。因此，随着事业的发展和经济工作越做越细，政府部门身不由己地陷入"文山会海"之中，官僚主义也势难避免。结果是机构越"精"越细，政务越"简"越繁，人员越"减"越多，办事效率越来越低。一个企业要办成一件事，要跑许多部门，盖上几十个图章，才能得到批准，一家不点头，事情就拖着。这哪里能谈得上国家行政机关为企业服务呢？而这也并不是单个部门的责任，是原来行政管理体制固有的弊病。要从根本上改变这种状况，"拆庙、搬神"固然是一个办法，但是首先要突破政府机关经济管理部门的经营性、事务性的职能性质，真正转变成摆脱烦琐事务、从全局领导宏观经济的机构。只有这样，才能够确实做到简政放权，才能使国家行政机关成为机构精干、工作效率高、密切联系群众、很少官僚主义习气的政权组织。不然，简单地靠行政命令合并、撤销一些机构，为精简而精简，就会重复过去走过的"加加减减，减减加加"的老路，"换汤不换药"，甚至会出现机构精简"变戏法"，表面上减少了行政机构，实际上又成立了不少政企合一的行政性公司，使企业老"婆婆"未去，又添了新"婆婆"，层层剥皮，处处设卡，给企业搞活经济增加了新的阻力。所以，国家行政机关要为企业服务，必须使政府经济部门的机构性质、职能来一个转变，由经营性、事务性转变为不直接经营企业。不干预企业内部的

经济活动，把企业管的事让企业放手去干。这在某种意义上来说，是国家行政机关对下面基层企业最有实效的服务。

随着上面机构性质和职能的转变，政府经济管理部门摆脱了事务性的经营活动，政企职责才能真正分开，基层企业才能从制度上由国家行政机构部门所有的附属物，真正转变为自主经营的经济实体。这样，下面基层企业对上面的行政管理部门的要求，不是削弱领导，更不是撒手不管，而是需要采取新的方式方法为企业服务。在我国社会主义条件下，国家行政机关如何管好经济，根据多年的正反经验，首先要使企业有充分的活力。而增强企业活力，最基本的办法，就是按客观经济规律办事，多用经济手段，即综合运用经济杠杆来管理企业的经济活动，改变过去主要靠行政手段发指示、下指示、搞审批等等一套手续繁杂、办事迟缓的老办法。同时，还要运用法律手段，即通过立法来保障企业的合法利益和行使企业正当的自主经营的权利。对违法者给予及时的处分和处罚，也是维护企业发展的一种有效服务。需要使用行政手段时，不是运用行政手段去直接干预企业的生产经营，而是要通过行政手段，为企业排难解忧，帮助企业解决实际问题。

由于国家行政管理体制的改革，实行简政放权、政企职责分开和管理方法的转变，国家行政机关特别是政府经济部门的工作人员必须在思想上也要有一个大的转变。首先要改变长期形成的社会主义计划经济和商品经济相互对立、国有企业所有权和经营权绝对不可分离的传统观念，用新的中国式的政治经济学重新武装自己的思想，自觉地依据和运用价值规律，为有计划地高效益地发展社会主义经济服务。

作于 2015 年

行政管理要跟上改革的步伐

我国的经济体制改革，经过几年的酝酿和实践，首先在农村取得了巨大成效，极大地调动了广大农民群众建设社会主义的积极性，促进了生产力的发展。党的十二届三中全会做出关于经济体制改革的决定，以城市为重点的整个经济体制改革，在这一纲领性文件的指导下，加快步伐，深入发展。

经济体制改革的深入发展，给行政管理提出了改革的要求。我们所说的行政管理，主要指国家通过行政机关，对国家政治、经济、科学、文化、教育、卫生等各方面事务的管理。

上层建筑一定要为经济基础服务，要和经济基础相适应。国家行政管理属于上层建筑。客观经济形势的发展，迫切要求行政管理要和经济体制改革相适应、相配套，适时地跟上改革的步伐，服务改革，推动改革。不然，落后的、陈旧的行政管理，或者仍然满足于"老牛拉旧车"的一套制度、办法，就会成为经济改革的绊脚石，就会拖住城市改革的步伐；并且可能出现经济改革要求促进生产力发展，而行政管理却束缚着生产力发展的矛盾局面；甚至还可能压制、扼杀生机勃勃的群众改革的首创精神，直接影响我国实现"两个一百年"目标的进程。

改革行政管理，是时代的要求、实现"两个一百年"目标的要求

当今的世界，新的技术革命蓬勃发展。科学技术的进步和经济的高速发展，要求不断地提高行政管理的现代化水平。因为国家与国家之间的经济竞争，地区与地区、城市与城市之间的经济竞争，说到底，乃是科学技术和管理水平的竞争。管理的落后，就意味着自己将在竞争中被淘汰。面临这个新技术革命的挑战，许多国家特别是发达国家，都在研究对策。对策之一，就是千方百计地进一步提高行政管理的科学水平。

在我国社会主义市场经济条件下，先进的科学技术和先进的行政管理，同样是实现"两个一百年"目标缺一不可的重要环节。无数的事例说明，同类的两个企业、两个公司或两个经济部门，技术条件差不多，其他条件也差不多，只是

因为管理水平不同，有高有低，最终的经济效益和社会效益就大不一样。从这个意义上来说，管理能够带动生产力。列宁在苏联实行新经济政策恢复国民经济时曾强调："无产阶级取得政权以后，它的最主要最根本的利益就是增加产品数量，大大提高社会生产力……没有这个条件，就谈不上整个劳动解放事业的成功和社会主义的胜利"（《列宁全集》第 33 卷第 159 页）。邓小平同志也指出："社会主义阶段的根本任务就是发展生产力"。国家行政管理事关全局，事关科学技术能否转化为生产力，以及转化的快慢高低。实践证明，先进的行政管理会促进社会生产力的发展，落后的错误的行政管理会阻碍生产力的发展。所以，行政管理对实现"两个一百年"奋斗目标影响重大。目前我国的行政管理还不先进，还不科学，同现代科学技术水平很不适应，影响着生产力的发展。有的外国人士曾做过估计，认为我国在不增加投资和设备的情况下，只要改善管理，就可以提高百分之五十产值，甚至一倍。再先进的技术，再先进的设备，如果没有先进的科学的管理，实际上等于零；先进的技术设备，落后的行政管理也是不可行的；有人才，如果管理不善，也会糟蹋、浪费人才。因此，在我国实现"两个一百年"目标的过程中，应当相应地实现国家行政管理的科学化、现代化。这是客观现实的需要，也是历史发展的必然。

经济改革要求正确发挥政府机构管理经济的职能

我国的经济体制改革，是在坚持社会主义制度的前提下，对一些具体制度的改革。这就是说，在改革中，社会主义的经济基础的性质不会改变，社会主义的上层建筑的性质不会改变，作为上层建筑的社会主义国家职能在保卫社会主义制度、领导和组织社会主义建设方面也不会改变，改变的只是社会主义的生产关系和上层建筑中不适应生产力发展的一系列相互联系的环节和方面。在这方面，要作一系列的具体制度的改革，特别要正确发挥政府机构管理经济的职能，力求使政府机构对经济的管理符合经济发展的客观规律。

党的十一届三中全会以来，我国实行对内搞活经济、对外开放的方针，使我国的经济生活出现了从未有过的活跃局面。近几年，城市经济体制的改革，也逐步采取了一些重大措施，进行了许多试验和探索，取得了显著成效和重要经验。正在实行的简政放权、政企职责分开、扩大企业自主权等，都要求行政管理从机构设置到管理方法以及管理手段，发生相应的变革，从而能够及时地跟上经济改革的步伐，发挥国家机关领导和组织经济建设的基本职能，适当地采取行政手段，适时地运用经济手段，将整个社会经济从宏观上管好，从微观上管活；极大限度地调动广大群众的社会主义积极性；充分发挥社会主义制度的优越性；创造出高度发达的生产力和比资本主义更高的劳动生产率，为国家创造更多的财富，为人民谋求更大的利益。因此，在进行经济体制改革的同时，必须进行国家机关体制的改革，通过改革，建立起科学的、精干的、高效率的、密切联系群众的、现代化的国家各级行政管理。这在事实上已成为研究和探索城市全面改革的一项重要内容。

改革行政管理的宗旨是提高国家机关的效能

我国现行的行政管理，从观念到制度、办法，基本上是 50 年代形成的，有的是照搬了外国的模式。行政管理总的倾向是对企业管得过多，统得过死，抓得过细。这在当时是可行的，保证了国家机器的运转。但是，经过三十多年的沿革、发展，有的与经济发展相适应，有的已经很不适应，甚至存在着不少阻碍经济发展的弊病，诸如机构重叠、人浮于事、职责不明、互相扯皮的官僚主义积弊，"有些事没人管，有些人没事管"，缺乏时间观念，缺乏经济观点，缺乏科学化、现代化的管理知识，不讲效率，不讲效益，几乎成为通病，与经济体制改革的要求很不适应。党的十一届三中全会以来，我们党和国家的工作重点转到了经济建设的轨道上来；而当前以城市为重点的整个经济体制改革又相当复杂，并且它的改革又是在具有一定实际权力的行政管理部门的领导下来决策、来组织、来实施的。因此，提高国家行政机关的工作效率，更好地发挥政府机构领导和组织经济建设的职能，就更加显得重要和迫切。尤其是在现代，信息已成为社会经济发展的关键。如果我国的国家行政机关还是办事拖拉，决策不准，施政不快，"文山会海"，公文旅行，只画圈圈，不解决实际问题，就会贻误时机，给经济建设带来损失。走在我国行政管理改革前面的广东深圳经济特区，提出了"时间就是金钱，效率就是生命"的口号，这是符合客观经济发展规律的。它既是企业管理的指导思想，也是国家行政管理应当遵循的原则。俗话说："一寸光阴一寸金，寸金难买寸光阴"。毛泽东同志写过这样的词句："多少事，从来急"，"一万年太久，只争朝夕"。做好行政管理，提高工作效率，就要有"只争朝夕"的精神，才能为在建党 100 周年实现党提出的"建成惠及十几亿人口的更高水平的小康社会"的奋斗目标做出贡献。

要提高国家行政机关的效能，实现对社会经济活动进行有效的管理，该做的事情很多，当务之急，就是要建立起一个机构设置科学合理、信息灵通、反应敏捷、咨询周全、指挥灵活、效率很高、作风民主、监督有力、依法办事的行政管理体系，逐步实现国家行政管理的科学化、现代化、法治化。而如何实现国家行政管理这个"三化"的目标，以保证实现"两个一百年"的奋斗目标，已经成为需要认真研究解决的一个重大课题。

作于 2015 年

讲科学，求效率，守法制，重廉洁

中国行政管理学会成立时，国家领导人为该学会题了词：政府行政管理必须讲科学，求效率，守法制，重廉洁。这一题词言简意赅。它既是研究行政管理学的目的、宗旨，也是对政府机构和国家工作人员具体贯彻执行党的十三届三中全会确定的治理经济环境、整顿经济秩序、全面深化改革的严格要求。

讲科学、求效率、守法制、重廉洁，是新中国成立以来各级人民政府所倡导和遵循的优良作风，也是我国在改革开放的条件下和新旧体制转换时期，改革行政管理必须遵循的重要原则。

一、讲科学

科学是研究、探索自然和社会事物发展规律的学问。政府行政管理讲科学，首先要按客观规律办事，绝不能做违背客观规律的事情。

社会主义国家的政府机构，承担着领导和组织经济建设的职能。所谓讲科学，就要遵循社会主义经济发展规律，做好行政管理工作。在这方面，我们应当汲取新中国成立60多年来正反两方面的经验教训。

讲科学，要求具有实事求是的精神。体现在政府行政管理上，就是要求其工作人员必须谦虚诚实，一丝不苟，老老实实地为人民群众办实事。那种华而不实、一哄而起以至阳奉阴违、弄虚作假的作风，是和政府工作人员应有的科学态度相违背的。

科学在一定程度上与民主相关联，只有在民主和谐的政治和社会环境下，人们的智慧才能得到充分的发挥，科学才能得到更快更好的发展。现在我们正处于社会主义现代化的新时期，在这样一个新的历史时期，管理内容日益复杂，行政决策要求更加迅速，完全凭个人经验、靠"拍脑袋"作决定已不适应现代化建设的要求，并往往会造成重大失误。现代行政管理的核心——科学民主的决策，尽管不是一朝一夕能够实现的，但是作为一个方向，应当创造条件，使其逐步走向规范化、制度化。

当今世界科学技术在飞速发展。我国既面临着挑战，也迎来了机遇。行政管理和经济及其他领域一样，要从我们的国情出发，积极引进、消化先进的科技成果，改进政府行政管理的物质条件。同时，要尽快提高广大政府工作人员的科学文化水平，采用现代科学的管理方法，努力实现行政管理的科学化。

二、求效率

效率一般是指投入与产出，即支出与收入、消耗与获得之间的比率。所谓效率高，也就是以最少的劳力、费用获得最大的收获、效果。行政效率就是在完成既定目标的基础上，投入的劳动量与获得的劳动效果的比率，即在保证质量的前提下，获得最高的数量。但是行政效率是许多因素的综合。政府行政管理求效率，至少应当努力做到以下几点：

要求时效。恩格斯在《暴力在历史中的作用》一文中说，"在今天，时间即金钱"。时间出效率。是否善于利用时间，已成为衡量一个行政管理人员的聪明才智和工作效率的重要标志。有效率的管理者应该是善于充分利用时间的管理者。"惜时如命，用时如金"，应该成为政府行政管理的座右铭；而缺乏时间观念，则是提高工作效率的致命弱点。

要求准确。列宁曾要求苏维埃机关要像钟表一样准确地工作。他说，如果没有统一的意志把全体劳动者团结成一个像钟表一样工作的机关，那么也就谈不上实现什么社会主义了。这就要求在行政工作中无论是承办事情、处理信息，还是决策施政、履行公务，固然要快，但更不能出错。如果尽出差错，往往事倍功半，就无效率可言了。

要求质量。质量不仅是指实实在在、坚固结实、经久耐用的意思，而且是指工作成果对社会有益，即多做有效劳动，减少和不做无效劳动。不顾质量，就会导致无效劳动，必然和提高行政效率背道而驰。

要采取最佳抉择。行政行为经常是在既定目标现有的条件下，从多种方案、多种办法、多种途径中做选择。求效率就是在"既定情势下的最佳抉择"。

要维护行政管理"机器"正常运转。机器正常运转才有效率。这就要求做到有令必行，有禁必止。那种破坏政令统一，"上有政策、下有对策""踢皮球""搞

内耗"，必然没有行政效率。

三、守法制

政府行政管理守法制，就是要不折不扣、始终如一地依法办事，逐步实现政府行政法治化。达到这一要求，一是必须加快立法。在贯彻宪法和法律的基础上，健全和完善各种法规，做到有法可依，有章可循，现在中央和地方政府都在加强这方面的工作。二是必须严格执法。经过多年改革，我国的社会主义法制建设得到了恢复和加强，无法可依的局面已经改变。现在的关键问题是要切实做到有法必依、违法必究，坚决克服有法不依、执法不严、违法不究的现象，坚定不移地贯彻在法律面前人人平等的原则，通过做好执法工作，维护我们的国家纪律、行政纪律、经济纪律、工作纪律和劳动纪律等。三是加强民主监督，以保障法律和法规的贯彻执行，及时纠正政府行政管理中的失职、渎职行为。

政府机构和工作人员如果都能遵守法制，就可以克服和防止政出多门、各行其是、"以言代法""以权代法"的弊病。管理就是行使权力，也是履行职责。如果不依据法律或者不受法律约束，行政管理就缺乏权威和效力，甚至还会蜕化变质。"不受制约的权力会腐败"。守法制在一定意义上说，就是接受法律的制约和监督，使政府行政管理更有保证地实践为人民服务的宗旨。

四、重廉洁

我国社会主义现代化建设的成功要靠改革。而改革的成败，在一定意义上要靠政府的廉洁。现在群众最不满意的，不是改革遇到的困难和问题，更不是改革本身，而是在改革中如何切实消除屡禁不止的腐败现象。在改革、开放、搞活和大力发展市场经济的条件下，政府行政管理的一些环节和一些工作人员，经不起考验，贪欲滋生，以权谋私，假公济私，损公肥私，以致不断出现违纪违法事件和经济犯罪活动。情况尽管并非像有的人所说的那样贪污受贿成风，已经到了无法惩治的地步，但问题的性质确实相当严重，影响很坏，危害巨大，不容忽视。

经济要发展，政府要廉洁，我们在建设社会主义市场经济新秩序的过程中，一定要坚决反对一切不廉洁现象和清除一切腐败分子。

为了保持各级政府机构和工作人员的廉洁，各级政府和各单位要充分发扬民主，走群众路线，制定相应的廉政制度，自觉抵制不正之风。特别是各级领导干部，要严于律己，廉洁奉公，以身作则。只要上下一致，从严做起，从我做起，从今做起，就一定能够恢复为政清廉的优良传统和形成良好的社会风气。

作于 2012 年

开会也要立个法

中央号召简政放权，转变作风，并三令五申要克服"文山会海"。可是，名目繁多的会议仍不见少，甚至还有增加的趋势。由此想到，开会也需要立个法。

各机构、各部门、各单位随着经济的搞活、事业的发展，召开必要的工作会议和有关业务会议以及各种交流会议是正常的，今后，仍然是需要的。但是，现在的问题是，有不少会议只图名，不务实。名称之多，可谓五花八门；名堂之多，真是五光十色。常见的至少有下列几种：

一是根据气候的变化，寻找开会的地方。天气热了，找凉快的地方开会；天气冷了，设法到暖和的地方去开，群众称之为"候鸟会议"。

二是专门去名胜古迹、旅游胜地或者靠近此类地区的地方开会。会议开上一天或几小时，然后乘便"到此一游"，一切费用由会议报销，人们名之谓"旅游会议"。

三是到供应好、生活好、招待好的地区开会，伙食标准高得不敢让人知道。某部门在某市召开一个与农村专业户沾边的工作会议，每天伙食标准明补暗贴，令人吃惊。还看到过一个消息，某地要召开一个"食品接触会"，"接触"大概也就是品赏的意思，品赏不好说，便叫作"接触"。这种会议，一目了然，实质上就是"吃喝会议"。

四是挖空心思，走后门、拉关系，搞买空卖空的"皮包会议"。

除此之外，还可以举出一些名不正、言不顺的会议。许多会议是不是应该开、如何开，应当通过立法的办法加以解决。

开会本来是应该有个章法的。只有遵循章法，会议才能开好。我国各级人民代表大会因为开会有规定的章法，开起来就很庄重、简朴、节省，伙食标准严格按国家规定，清茶招待（原来喝茶也由自己付钱），节约国家的经费开支，时间也紧凑，解决问题就散会，受到人民的称赞。

我国幅员广大，情况复杂，当然，什么会议都按"人大"会议框框办，也难于实行，但总可以制定一个"触类旁通"的规章，为开会立个法，使各种会议都可以有法可依。如开会的地点，不准到旅游胜地（特别是旅游旺季）；会议经费严格按规定执行；会议伙食标准不准高于国家规定，超出了由参加会议者自付，等等。所有这些，若能依法办事，违法必究，那么，上述那些徒具形式的会议也许会大大减少，会议中的不正之风也就可以纠正，我们的工作人员也就可以避免再吃"白天下海（会海），晚上爬山（文山）"的不白之苦了。

作于 2012 年

列宁论企业自主经营

——读列宁的《工会在新经济政策条件下的作用和任务》

十月社会主义革命，俄国的无产阶级夺取了政权，在击退了外国武装入侵，结束了大规模的国内战争之后，列宁立即强调国家政府机构要组织和领导恢复国民经济，进行社会主义建设。在这个新的历史时期，列宁创造性地运用和发展马克思主义，根据当时俄国的国情，制定了一系列放宽搞活的经济政策，使生产迅速发展，国民经济很快恢复，历史上称为新经济政策时期。

在实行新经济政策的道路上，列宁于 1922 年为俄共（布）中央起草了《关于工会在新经济政策条件下的作用和任务的提纲草案》，阐述工会在社会经济活动中如何发挥作用，同时也对国家如何管经济、管企业作了明确的回答。

我国正在进行以城市为重点的整个经济体制的改革，增强企业的活力是经济体制改革的中心环节。联系改革的实际，学习列宁有关企业自主经营的一些论述，对我们正确指导改革，搞活企业，搞活经济，是很有启迪的。

一、企业自主经营的好坏，要看能否发展社会生产力

列宁指出："无产阶级取得国家政权以后，它的最主要最根本的需要就是增加产品数量，大大提高社会生产力……没有这个条件，就谈不上整个劳动解放事业的成功和社会主义的胜利"。社会主义的特点和优越性，最主要最根本的一点，就是要创造高度发达的生产力和比资本主义更高的劳动生产率。列宁当时就非常强调工厂企业在这方面必须尽快尽可能地取得巩固的成绩。所以，我们衡量和评价一个社会主义企业自主经营的好坏，绝不应该只是看企业为自己赚了多少钱，而是要看企业对发展社会生产力、发展国民经济做出了多少贡献。这是社会主义企业自主经营的方向，也是我们当前进行的以增强企业活力为中心的经济改革的方向。

二、企业需要集中自主经营的权力，实行经济核算制

当时的俄国，由于内战破坏，经济萧条，财政困难，迫切需要提高劳动生产率。为了使国营企业能够增加产品，在"大大提高生产力"方面取得成绩，多做贡献，苏联的国营企业按一长制的规定组织管理机构，实行经济核算制。在这种情况下，列宁提出企业管理的一般原则是：首先"绝对需要把全部权力集中到工厂管理机构手中"，使厂长领导下的管理机构，"极其机动灵活地来独立处理规定工资以及分配纸币、口粮、工作服和其他种种供应品的工作"。其次，企业要学会经营，做到不亏争赢。列宁强调指出：实行经济核算制的国营企业"在容许和发展自由贸易的情况下，这实际上等于国营企业在相当程度上实行商业原则"，"使每个国营企业不但不亏损而且能够赢利"。列宁所说的企业实行商业原则，就是在承认社会主义过渡时期存在商品经济的条件下，要求社会主义国营企业要有商品生产观点、利润观点，要懂得运用价值规律，讲求经济效益，以最少的劳动消耗，取得最大的社会效益，增强企业的社会主义竞争能力，为国家创造更多的财富，以满足社会的需求。

三、要克服企业自主经营中出现的私有动机

实行所谓经济核算制的国营企业，因为存在经济利益差别和"你我界限"，国家、集体、个人之间的利益就可能出现矛盾。列宁及时地看到了企业自主经营后可能出现的这种现象，提出了克服的办法：一方面要经常纠正由于国家机关的官僚主义偏向而造成的经济机关的错误；一方面要及时纠正企业过于热心本位利益的现象，克服经营中的自私动机和偏见，保证企业在国家统一计划领导下，发展社会主义的商品经济。

四、企业管理要正确发挥工会的作用

列宁指出：企业实行自主经营，工会过多地直接干预是不对的。"但是把这一无可争辩的真理了解成拒绝工会参加社会主义的工业组织和国营工业的管理，那就完全错了。"工会在企业管理中应如何正确发挥它的作用呢？列宁根据俄国的实际情况，提出以下几点：

1. 工会的最重要的任务之一，就是从工人群众中推荐、选拔和培养行政管理人员。"更细致更经常加倍地来从各方面切实认真地检查他们学习管理工作的成

绩"。但人事安排工作的决定权应完全属于负全责的经济机关。

2.工会必须积极地参加经济计划、生产计划和工人物质供应分配计划的制定工作。

3.工会要参加一切文化教育工作和生产宣传工作，使工人阶级和劳动群众熟悉经济生活的整个情况，"使他们无论对于国家统一的社会主义经济计划和实现这一计划同工农的实际利害关系，都有更具体的了解"。

4.工会在社会主义建设和参加企业管理方面，要不断加强劳动纪律教育，并用文明的斗争方式来加强劳动纪律和提高生产率。

以上列举的只是工会在社会主义经济建设中几项最重要的职能，在企业管理中应很好地发挥，以保障广大职工及其代表参加企业管理的权力。

作于 2012 年

略说治贪之道

从《瞭望》周刊第 35 期上，读到了两篇颇能给人留下印象的报道：

一是湖北省宜昌市金融系统百万元特大经济串案纪实，报道了该地金融系统一帮罪犯，从信贷员、会计到经理、总经理串通一气，利用支配资金的权力进行犯罪以中饱私囊的犯罪事实。这些犯罪分子，每做成一笔权钱交易，少则获利数千，多则获利数万乃至数十万元，而且一做再做，直至事情败露。

二是辽宁省昌图县粮食系统特大案审理结果，揭露了多次荣登全国商品粮销售量榜首的昌图粮食系统资料采购失控，以县粮食局局长为主的一些干部借机侵吞国家资金的事实。犯罪分子们不顾实际需要写下的进货批条，每张最高可以炒到十几万元。利用这些条子，他们大肆进行权权、权钱、权色交易，不断积累着罪恶的财富，过着极度荒淫无耻的生活。

分析这两个腐败犯罪案件，我们不难发现，虽然犯罪的具体内容和方式不同，但犯罪行为之所以发生，若从主体上找原因，都可以归结为两个字：贪欲。他们中间的绝大多数，或者具有体面工作，或者占据领导岗位，都有较为可观的收入，足以维持体面的生活。但他们贪心不足，还想攫取更多的财富，追求更奢侈的生活。他们就是这样，在贪欲的驱使下堕落腐化，葬送了自己，损害了国家人民的利益，也污染了党风和社会风气。

其实，不仅这两大案例如此，绝大多数腐败分子，应该说都是贪欲的牺牲品。贪吃喝、贪财物、贪权位、贪色欲、贪虚荣等都可以使人们陷入腐败的泥淖。因此探讨治贪之方，是反腐倡廉工作的重要一环。党和国家的好多政策措施，也正是从这个角度着手的。问题在于，面对市场经济大潮中的物欲之流，在完善治贪具体条律的同时，还需要在治贪的基本思路上加以清理。

具体来说，欲更加有效地医治新形势下的贪婪之病，在用"药"上，似应注意两个"配伍"：

着眼于教人"不该贪"与采取措施使人"不能贪"配伍

长期以来，我们反复强调党的宗旨是为人民服务，我们的政府是为人民办事的机构，而共产党人及党所领导下的政府官员，自然是人民的公仆，不该以人民赋予的权力满足个人的贪欲。这种教育是正确而有效的，面对市场经济的滚滚洪流，此种教育非但不应削弱，反而迫切需要加强。

但是，面对商品交换的日益扩大，一些权力部门尤其是那些和经济活动关系密切的部门，其权力经常和金钱等物质利益发生关系，诱惑贪欲的因素和机会大大增加。相比之下教育这一手所能产生的作用就明显不如以前那么大了。这就需要我们在完善防贪、惩贪机制上下更大的功夫，提高这种机制的严密度，使得贪欲一旦膨胀得出了一定范围，马上可以被察觉，可以及时受到打击，这样想贪之人也只好多加一些自我遏制了。

实际的情形是，现在一些地方或部门，旧的规程被革除，新的规程未建立，或者新立规程不是向着制度化、法制化方向靠拢，而是片面地向没有监督的个人权力这一边倾斜，因此必然出现"想贪就能贪，不贪白不贪，明目张胆贪，群众干瞪眼"的情况。上述昌图县出现的粮食案就是一个明证。1987 年以前，昌图县对储粮器材实行的是统一购置调拨制度，后来这种做法改掉了，但是并没有被改成一种新的自我约束机制，而是简单变成由县粮食局长或主管副局长批条，各粮库自行购入的办法。此法一出，批条岂不成了比黄金还宝贵的东西？掌权者的贪欲还有什么遮拦？

推崇"不想贪"式人物与营造"不敢贪"的环境配伍

中国古代素来推崇高洁廉正义士。《左传》记载："宋人或得玉，献诸子罕……子罕说：我以不贪为宝，尔以玉为宝，若以与我，皆丧宝也。不若人有其宝。"当今社会，党内党外仍不乏这种根本不想贪的人物。他们是我们真正的国宝，应该通过各种方式提倡、褒扬、尊敬，以造成一种敬贤崇良的风气。但是，世间像子罕那样能以不贪为宝的人，毕竟还缺乏足够的普遍性。很多人还达不到那种境界，还是对额外之财朝思暮想。所以，还必须配以严刑峻法，使贪鄙之人不敢贪。褒扬不贪以赏清廉之士，严治贪婪以罚卑鄙之徒，双管齐下，才是全面的治贪之道。但眼下一些出了问题的地方却往往反此道而行之：滥赏重用善于行贿弄奸贪婪之辈，明知他有问题，却一再姑息养奸，使贪者更贪；冷落清正廉洁不善巴结之士，明知他原则性强，却长期弃置不用，使正人落魄。这样的单位，势必以贪为常，以廉为妄，欲正歪风，更是妄想。

先贤谆谆告诫，糖衣炮弹更加可怕；又说贪污腐化是极大的犯罪。面对市场经济中糖衣炮弹种类和数量的急剧增加，贪污犯罪率的居高不下，细究治贪之道，并进一步完善治贪之方，切实抑制腐败，是人民的迫切愿望，应该当作为改革开放披荆斩棘、保驾护航的历史任务，认真做好。

作于 2012 年，在新华社《瞭望》杂志刊登

日本行政改革"雷声大，雨点小"

——日本学者对中日行政改革的反映

1998 年 8 月 31 日—9 月 6 日，中国行政管理学会和广东省行政管理学会接待了以寄本胜美为团长的日中行政学术交流委员会，中国行政学界的专家学者同日本行政学界的专家学者就中国、日本的行政改革进行了研讨。双方在北京着重介绍了中央行政改革的情况，在广州交流了地方行政改革的经验。

日本学术访华团，由日本行政学界的八位教授、研究员组成。他们对日本行政改革有着亲身经历的体会和研究，对中国的改革也有一定的了解，在学术问题上，双方能坦诚相见，实话实说。

日本学者大东文化大学教授土歧·宽说：日本的历史没有值得称赞的，中国历史悠久、文化灿烂，日本人民很喜欢看中国的历史题材的电影，如《鸦片战争》《宋家三姐妹》等。1868 年日本明治维新实行了一系列资本主义性质的改革，日本走上了资本主义发展道路。二战以后，日本进行了三次大的行政改革。总体来讲，目的、任务都是为了配合经济发展。20 世纪 60 年代的行政改革是在日本经济增长期进行的，20 世纪 80 年代的行政改革主要是为了国企民营化、私营化，20 世纪 90 年代日本进入现代化、成熟化社会，需要继续推进改革，行政改革主要是为了重新调整国家社会经济政治关系，其中还涉及国营铁路、邮电通讯、烟草专卖等国有大公司的经营机制的改革。

90 年代日本的行政改革得到了日本政府几届内阁的连续推进，1994 年成立行政改革委员会。日本前内阁总理桥本龙太郎为适应国民要求建立消耗很小的政府之愿望，保住"行政改革政府"的面子，凭借中央省厅改革基本法的成立，于 1997 年制定了各省厅设置方案，5 年内实现机构减少一半，人员减少一半的新体制，将当时的 1 总理府 21 省（厅）改组为 1 内阁府 12 省（厅），本想以新的政府形象迎接 21 世纪。但是，"桥本行政改革"遭到政府机关内部和公务员既得权益者的强烈反对和抵抗。虽然 1 府 12 省（厅）的框架已经具备，但是各方势力的权力之争日趋激烈，影响改革的进程。据说，内设机构精简，互相攀比，"你看我，我看你；你减一个，我减一个；你不减，我也不减。"访问团成员日本北九州大学教授山崎克明在研讨会上说：日本行政改革开始时来势汹汹，尤其是要减少财政开支，曾受到国民欢迎。但实行起来，则是"雷声大，雨点小"。行政改革不仅是裁人减机构，而且要对制度进行改革。日本行政改革原想从根本上改变中央集权的旧体制，站在国民"人本位"角度来行政，建立小政府，减少财政开支，提高行政效率；把权力交给国民，交给市场，放宽政府管理，放活地方权力，实行"权力三七开"，七分中央，三分地方；实行行政管理公开化，等等。这些设想现在都未到位，特别是财政状况并没有好转。目前，小园内阁是日本历届政府的软内阁，估计对日本的行政改革不会改变，因为日本的行政改革是先立法，然后依法进行。桥本时期行政改革的内阁机构设置、公务员编制，在日本已经立法，任何人都不能随意更改。但是小园内阁对行政改革不会有多大作为，因忙于应付日本金融危机和经济问题，所以不会迎合国民期望，大幅度精减人员。

　　行政改革能否顺利推进，最终能否成功，访问团成员日本冈山大学教授古圣美分析，至少应有以下几个条件：一是要有一个强有力的、精诚团结的领导集团。二是要得到国民的信任和国际的支持。三是要有一个稳定的政治经济环境。他说动真格的行政改革必然会带来阵痛，不伴随着痛苦的行政改革是不存在的。改革的规模越大，阻力、压力也越大。行政改革在具备以上条件的情况下，必须坚持不断地进行下去。相比之下，中国行政改革比日本行政改革具备了更成熟的条件。这次日本行政学术交流委员会学术访问团在北京、广州进行学术交流，参观访问，耳闻目睹，感到中国的变化太大了。访问团最年轻的冈本三彦（日本都市研究中心研究员）在临别时说：他看到"中国日新月异，生机勃勃，是原来没有料想到的"。日本访问团学者会上会下反映：中国近年来稳定发展是与改革包括政治体制改革、行政改革的成效分不开的。日本行政学术访问团对当前中国的机构改革非常关注，团长早稻田大学教授寄本胜美说，自己对朱镕基总理主持进行的机构改革，先中央，后地方，特别感兴趣。中国有以江泽民主席、朱镕基总理为核心的有才干、有魄力的领导班子，中国的行政改革会取得成功。日本寄本胜美团长在结束访问，评价中国的行政改革时说："朱镕基总理是有魄力的政治家，他领导的国务院机构改革，不到半年机构设置就到位，三年内完成精简机构一半，精减人员一半，如果在日本，至少需要十年。"

作于 1999 年 8 月

试论我国行政管理的特色

建设中国特色社会主义，首先要建立中国特色社会主义经济基础，同时还要相应地建立起中国特色社会主义行政管理体系。中国式的社会主义的行政管理体系应当具有哪些特色呢？

一、计划指导性

所谓政府机构管理经济的计划指导性，就是在承认社会主义社会存在着商品经济的前提下，自觉地依据和运用社会主义国民经济发展的规律以及价值规律等经济规律，发展社会主义市场经济，促进社会生产力向前发展。

我国是一个社会主义大国，幅员辽阔，人口众多，国家行政机关对于经济的组织管理，没有一个计划指导，任由地方、部门、企业各自为政，自成体系，就会造成重大比例失调和全局经济的混乱。因此，在整个社会主义阶段，有计划地按比例地均衡协调地发展国民经济，是我国政府机构管理经济必须遵循的一个根本宗旨。

实行指导性计划，国家行政机关管理经济的任务不是轻了，而是重了。它要求计划必须符合价值规律，必须有科学预见性。过去那种认为社会主义计划经济就是计划一切、规定一切、指挥一切、无所不包、无所不管的统一计划，是不符合我国国情的。列宁早在实行新经济政策的时期就曾指出："最大的危险就是把国家经济计划问题官僚主义化"，"现在对我们来说，完整的、无所不包的、真正的计划 = '官僚主义的空想'。不要追求这种空想"（《列宁全集》第35卷，第473页）。

这样，我们国家经济的计划管理，从本质上说，既区别于资本主义的自由市场，也不同于高度集中的僵化的计划体制。这是中国式的行政管理体系最主要的特色。

二、管理服务性

国家行政机关属于上层建筑，上层建筑必须为经济基础服务，中国式的行政管理就要从机构上、制度上、方法上、思想上为发展社会主义的经济基础服务。

我们是社会主义国家，国家的性质决定了我国的行政管理最终目的是为人民服务。人民是主人，政府各部门和国家工作人员是为人民办事的，是人民的公仆。我们学会现代化科学管理，提高办事效率，也就是要提高服务水平。经常反对和扫除不负责任、互相扯皮的官僚主义，不断地改进机关作风，提高工作人员全心全意为人民服务的政治思想和业务素质，是我们国家机关行政管理的应有本色。《中共中央关于经济体制改革的决定》要求："各级领导机关把自己的全部工作切实转移到为发展生产服务，为基层和企业服务，为国家的繁荣强盛和人民的富裕幸福服务的轨道上来"，这就体现了我国国家行政管理体系的特色。

三、精简节省性

在国家行政管理中要求贯彻精简节约的原则。一些资本主义国家特别是一些经济发达的国家，他们也曾标榜自己的国家行政管理机构是"廉价的政府"（开支少）、"廉洁的政府"。但是真正十分注意建立廉洁政府的，应该是社会主义国家。列宁在他生命的最后几年，特别关心国家行政机关的精简建设，坚决主张精简机构、紧缩编制。毛泽东同志也一贯主张国家行政机关要精兵简政，他很早就提出我们政权的行政管理应该是"精简、统一、效能、节约和反对官僚主义"的。在他和其他老一辈无产阶级革命家的培育下，在半个多世纪的革命斗争中，形成了我们政府机关和工作人员的优良作风，诸如廉洁奉公和勤俭节约的观点、勤奋的习惯、艰苦奋斗的精神。这些宝贵的精神财富在实现现代化、科学化的行政管理时，都是不能丢掉的。它既是我们的光荣传统，也是我国社会主义行政管理体系的本色。

四、管理方法多样性

《中共中央关于经济体制改革的决定》指出："具有中国特色的社会主义，首先应该是企业有充分活力的社会主义"。国家政府机构对企业的管理不应该是管死管紧，而应该是管活管好。管好企业，增强企业活力，除了简政放权、政企职责分开、扩大企业自主权以外，社会主义的国家政府机构还必须通过经济手段、行政手段、法律手段以及三种手段同时结合运用的多种方法，来进行必要的管理。用一种方法、一个模式要求"一刀切"，就会把企业框住，把经济搞死，影响劳动者积极性、智慧和创造力的充分发挥。根据发展社会主义市场经济必须按客观经济规律办事的要求，国家行政机关管理经济要适当地多用经济手段，改变原来管理体系中主要依靠行政手段发指示、下指标、搞审批等等一套手续烦琐、办事迟缓的老做法。除特殊情况、特殊需要者外，也要改变各级政府经济部门直接经营管理企业的老办法，以保证在国家统一领导下，给予企业应有的相对独立的自主权。同时，还要运用法律手段，即通过立法，制定各种经济法规，来保障企业的合法利益和行使企业的正当的自主经营的一切权力，引导企业按照社会主义社会的要求，发展生产，搞活经济。在我国的行政管理中还有一个重要的方法，就是科学地进行思想政治工作。经常做深入细致的思想政治工作，这也是我国革命斗争中长期形成的特有的成功的经验。在实现现代化的管理中，同样是行之有效而不可弃之不用的。所有这些方法，互相补充、相辅相成，都是我国社会主义的行政管理不可缺少的。

五、领导统一性

我国的宪法明确规定：中华人民共和国是一个统一的多民族的国家。我们实行简政放权也好，搞特区建设也好，都不会也不允许各自为政，各行其是。我国的行政管理从总体上来说，必须是完整统一的。要领导统一的社会主义国家、统一的社会主义市场，要实行统一的大政方针，要执行统一的政纪国法，就必须坚持局部服从整体、地方服从国家、全国服从中央的原则。但是同时，在完整中并不排斥个别特殊，在统一中也有具体灵活。这是符合历史唯物主义和辩证唯物主义的。

根据这一国情，建立中国特色社会主义行政管理体系，应该遵循的原则很多，但是最根本的一条，就是必须遵循和坚持四项基本原则，主要是坚持党的领导和社会主义制度。离开了四项基本原则，就是离开了中国的国情，就会脱离社会主义的轨道，走到错误的路上去。国家行政管理更是如此。我国的行政管理，既要为社会主义的经济基础服务，也要为社会主义的政治服务，还要为最终实现共产主义服务。这就成为中国式的社会主义行政管理体系的最重要的特色。我国行政管理贯彻执行四项基本原则，从国家主体上来讲具有领导的统一性。但是，坚持四项基本原则，绝不是恢复过去管理体系中的高度集权制，而是要既保证国家的集中领导，使整个国家机器协调运转；同时在给地方部门、基层企业一定的应有权力以后，又不使其脱轨失控，从而保证我国的行政管理，朝着正确的方向，沿着健康的道路，向前发展，逐步完善，形成一个完整的科学的社会主义新管理体制，更好地为我国的社会主义现代化建设服务。

作于 2012 年

试论中国行政管理学的研究方向和内容

行政管理是一门专业，也是一门科学。管理是社会存在和发展的必要条件。行政管理是运用国家权力管理社会事务的活动。随着经济的发展和社会的进步，这种居于指挥地位、具有综合性全局性的活动，日益需要建立在科学的基础上。行政管理与一切社会现象一样，都有其自身的客观发展规律。行政管理学就是研究国家行政管理活动规律的科学。

行政管理学是一门实践性、政治性很强的应用科学，它在世界经济发达的国家受到高度重视。在我国，由于种种原因，行政管理的科学化问题长期没有受到重视。直到党的十一届三中全会以后，随着国家机构改革的深入进行，行政管理作为一门科学才开始被越来越多的人所认识。建立具有中国特色的社会主义行政管理学，实现国家行政管理的科学化、现代化、法制化，已经成为我国当前迫切需要研究解决的一个重要课题。

研究中国的社会主义行政管理学，要从中国的实际需要出发，特别是要从我国当前进行的整个经济体制改革的实际需要出发，来确立研究的方向和内容，做到从理论和实践的结合上回答、探讨新时期出现的新问题，进而建立起自己独特的行政管理科学体系。

要研究政府机构如何管理经济

中国的社会主义行政管理学的最大的一个特点，就是要研究政府机构如何正确有效地管理经济。这是由社会主义的性质和社会主义的国家职能，特别是由我们国家的工作重点转到经济建设上来的客观要求决定的。

无产阶级和全体人民在掌握了国家政权，实现了生产资料的社会主义公有制以后，领导和组织经济建设就成为国家机构的一项基本职能。而管好经济，促进生产力发展，也就成为国家行政管理最根本的任务。新中国成立以来，我国政府机构管理经济的职能，有时发挥得正确有效，有时却未能正确发挥。特别是在十年动乱期间，由于批判"唯生产力论"，政府机构管理经济的职能几乎陷入瘫痪，使经济建设遭受挫折。党的十一届三中全会以后，我国的经济建设进入了一个新阶段，研究政府机构如何更好地发挥管理经济的职能，已是历史赋予我国行政管理学的一项重大任务。

在城市改革中，实行简政放权、政企职责分开、扩大企业自主权等等，是社会主义上层建筑的一次深刻的改造，它既是经济体制的改革，也是行政管理的改革。行政管理学应对这次深刻的改造，给予理论上的指导，使国家行政管理制度和领导方法更加完善，从而能够科学地运用行政手段、经济手段、法律手段，从宏观上将整个经济管好管住，从微观上对企业放开、放活，达到促进生产、提高社会经济效益的目的。

随着经济体制的改革和国民经济的发展，越来越多的经济关系和经济活动的准则，需要用法律形式固定下来，这就要求现代国家的行政管理，在某种意义上来说也是一种法律管理。根据现代经济管理的这一特点，行政管理学就要研究行政管理和立法的关系，健全法制，依法办事，在我国的经济管理中完成从过多依靠政策到既靠政策又靠法律的历史过渡。

我国搞好加强社会主义现代化建设的关键是"尊重知识，尊重人才"，起用一代新人，造就一支社会主义经济管理干部的宏大队伍。但是，我国人事制度与这一要求很不适应，需要进行改革。因此，研究人事制度的改革也是行政管理学的一项重要内容。

要研究国家行政机关的自身建设

行政管理学的研究范围，除了要研究国家行政机关的各种行政管理活动以外，还要研究国家行政机关的自身建设。我们要解放思想，实事求是，对我国的政府机构进行科学、合理的设置，对政府管理人员的配备、选拔、培养、使用、交流等等问题进行探讨，总结我国的实践经验，采用现代国家管理手段，保证政府机构这台有机联系的机器正常、协调、灵活地运转。列宁在讲到苏维埃政权的任务时，曾经指出："社会主义是大机器工业的产物。如果正在实现社会主义的劳动群众不能使自己的机关像大机器工业所应该工作的那样进行工作"，如果没有"一个像钟表一样准确地工作的经济机关","那么也就谈不上实现什么社会主义了"（《列宁全集》第 27 卷第 194 页）。

社会主义的国家行政机关如何建设，新中国成立以来积累了许多经验，集中到一点，就是我国的国家行政机关是为人民服务的，人民是主人，政府各部门是给人民办事的。当前国家机关怎样高效率地为人民办好事，为基层、为企业、为生产服好务，行政管理学都应当加以研究。

我国的革命经历了半个多世纪，形成了优良的革命传统，诸如政府工作人员的廉洁奉公和勤俭节约的观点、勤奋的习惯、艰苦奋斗的革命精神，在实现现代化的科学化的行政管理时，都是不能丢掉的。这些宝贵的经验，我国的行政管理学也应当很好地加以总结。

同时，世界科学技术的进步和经济的高速发展，必然要求国家行政管理要具有现代化的管理手段和引进现代国家管理的科学知识。中国式的行政管理学当然不能照抄照搬外国的模式，但是也要注意学习、研究外国的行政管理的先进经验，为我所用。比如：世界一些经济发达的国家，有的实行文官制度，对政府官员的选拔、录用、考核、晋升等都有科学依据，不徇私情，从制度上、法律上保证区分良莠、选贤任能；有的国家政府行政工作很注意节约（节省人力、物力、时间），讲求工作效率；等等。这些都是我们可以学习借鉴的。

要研究两个文明建设一起抓的问题

具有中国特色的社会主义，其中最大的一个特征，就是在创造高度发达的社会生产力和比资本主义更高的劳动生产率的同时，要建设以共产主义思想为核心的社会主义精神文明，即在建设高度物质文明的同时，建设高度的精神文明。有一种看法，认为精神文明的建设是党的宣传、纪律检查部门的事情，政府部门不必过问，从而也不是行政管理学研究的范围。这种认识似乎片面。须知，政府机构在组织和领导社会经济活动、大力发展生产力的同时，还要培养一批批具有社会主义理想、道德、纪律、优良素质的脑力劳动者和体力劳动者，这也是社会主义制度优越性的具体表现之一。因此，政府机构既有管物质生产的部门，也有管精神产品的部门，诸如文化教育部门，科学、体育、卫生等部门，对建设精神文明都负有特殊的责任。所以，这方面的内容，应该是具有中国特色的社会主义行政管理学研究的课题。

应该看到，社会主义精神文明的建设，在很大程度上包括人才的培养和队伍的建设。对于培养什么人，形成什么样的社会公德、风气，等等，政府部门是必须管的，行政管理学也是应当加以研究的。

作于 2012 年

适应市场经济，转变行政管理部门职能

党的十四大正式明确提出我国经济体制改革的目标，是建立社会主义市场经济体制。

建立社会主义市场经济体制是建设中国特色社会主义理论方面的重大突破，也是按照市场经济规律发展生产，促进我国社会主义现代化建设的重大实践，从而从理论和实践上解决了长期困扰人们思想和争论不休的一个问题：即按照市场经济规律办事，发展商品经济，究竟是"姓资"还是"姓社"的问题。党的十四大报告指出：市场经济不等于资本主义，计划经济不等于社会主义。计划和市场，都是调节经济的机制和手段。无论是计划还是市场，资本主义可以运用，社会主义也可以运用，关键是看谁运用得高明，谁运用得符合客观经济发展规律。社会主义市场经济与资本主义市场经济的本质区别，不在于计划多少，而是取决于所有制结构。社会主义市场经济是以公有制为主导的市场经济，资本主义市场经济是以私有制为主体的市场经济。在我国建立社会主义市场经济体制是同社会主义基本经济制度紧密结合在一起的，我国社会主义初级阶段的市场经济，在所有制结构上，以公有制为主体，个体经济、私营经济、外资经济和其他经济为补充，多种经济成分将长期存在，共同发展。在大力发展市场经济的条件下，国有企业和非国有企业都面对市场，进入市场，平等竞争，发展生产。目前，我国的个体经济、私营经济、外资经济和其他经济、"三资"企业、乡镇企业等基本上不受国家计划的干预和约束，根据国内外市场需求和变化发展生产，已是市场经济。但是国有企业特别是国有大中型企业，由于历史的原因、传统的习惯，一些改革措施还不到位，政企不分、政资不分的现象依然存在。因此，搞活国有企业特别是大中型企业，使其适应社会主义市场经济，按照社会主义市场经济体制转变，成为健全完善社会主义市场经济体制的重要方面。

国有企业特别是大中型企业如何面对和适应市场经济，这里既要企业内部转变观念、转变经营机制，也需要进一步完善各类国有资产管理体制，进一步促进行政体制改革和政府职能转变。从一定意义上来说，转变政府管理机构职能，是把企业推向市场的关键。

在现行的行政管理体制下，政企职责尚未完全分开，有些政府机构管了一些不该管、管不了、管不好的事情，企业仍然感到"婆婆多"、干预多，影响和束缚了企业自主经营、自负盈亏、自我发展、自我约束的积极性。随着社会主义市场经济体制的建立和市场经济的发展，企业要面对市场、适应市场，不然要被市场所淘汰。政府机构的职能也要面对市场、适应市场、改变对企业的管理办法，否则，会阻碍生产力的发展。政府行政管理部门要当"开明婆婆"，在大力发展社会主义生产力、发展社会主义市场经济的条件下，要下决心改变企业围着行政管理机构转的老观念、老办法，而放手让企业围着市场转，企业从市场实际出发，市场需要什么就生产什么，发展什么；市场不需要什么就淘汰什么，不去发展。优胜劣汰，不依政府某些人的意志为转移，而以市场检验论高低、见效益。政府行政管理部门要把直接管理的重心由企业转向市场。在建立规范、培育和完善市场上下功夫，发挥建立和完善社会主义市场体系的组织和推动作用，管好宏观调控，加强产业政策导向的调控能力，在建立社会主义市场经济体制的实践中，学会为企业服务的本领。凡是对企业改革和发展有利的事要多做，不利于企业改革和发展的事不要做。这样，政府行政管理不必要的机构就可以精简，无事干的人就可以减少，劳民伤财的会议和互相扯皮、打架的文件就可以压缩了，上下关系、政企关系就可以理顺，行政管理部门由于职能转变、克服人浮于事而富余下的人员，还可充实和加强基层，以及推动和发展我国至今还比较落后的第三产业，为企业在市场经济中竞争发展创造良好的外部环境。

作于 2012 年

政府职能现代化视角下当前政策创新的重点及建议

中国共产党十八届三中全会通过的《中共中央关于全面深化改革若干重大问题的决定》指出："全面深化改革的总目标是完善和发展中国特色社会主义制度，推进国家治理体系和治理能力现代化。""科学的宏观调控，有效的政府治理，是发挥社会主义市场经济体制优势的内在要求。必须切实转变政府职能，深化行政体制改革，创新行政管理方式，增强政府公信力和执行力，建设法治政府和服务型政府。"国家治理体系和治理能力现代化的核心是政府治理体系和治理能力现代化，而要实现政府治理体系和治理能力现代化又必须有政府职能的现代化。因此，转变政府职能是全面深化改革的一项重要任务，政府职能就是制定政策和执行政策，只有深入进行政策创新，才能推进政府职能有效转变，才能有效地实现建设法治政府和服务型政府的目标。本文试图结合党的十八大和十八届三中全会的精神，从国家治理体系和治理能力现代化的视角，就如何通过政策创新来推进政府职能转变进而实现政府职能的现代化进行初步研究，并提出相关建议，以期对我国政府职能转变和创新工作有所参考。

一、政府职能转变是实现政府治理体系和治理能力现代化的重要内容

党政府治理是国家治理的重要组成部分，国家治理体系和治理能力的现代化首先要求政府治理体系和治理能力的现代化，而要实现政府治理体系和治理能力的现代化，则必须实现政府职能的现代化。因此，加快转变政府职能，实现政府职能的现代化，是推进国家治理体系和治理能力现代化的重要内容，是全面深化改革总目标的重要组成部分。

（一）政府治理体系和治理能力的现代化是国家治理体系和治理能力现代化的核心内容

俞可平在《衡量国家治理体系现代化的基本标准——关于推进"国家治理体系和治理能力的现代化"的思考》中指出："国家治理体系包括规范行政行为、市场行为和社会行为的一系列制度和程序，政府治理、市场治理和社会治理是现

代国家治理体系中三个最重要的次级体系"。①这里只是从狭义的治理意义上说的，从广义的治理而言，政治行为的一系列制度和程序也应该包括在国家治理体系之中。在当代中国，无论是中国共产党的领导行为和民主党派的参政行为及其制度和程序，还是国家的立法和司法行为及其制度和程序，都是国家治理体系不可缺少的组成部分。由此看来，不管是从狭义上而言，还是从广义上而言，政府行为及其制度和程序是国家治理体系的重要组成部分。特别是从狭义上而言，在政府行为、市场行为和社会行为三者中，政府行为发挥着主导作用，由此推之，在国家治理体系中，政府行为及其制度和程序是其中最重要的内容。因此，可以进一步推之，政府治理体系和治理能力的现代化是国家治理体系和治理能力现代化的核心内容。

（二）政府职能现代化是政府治理体系和治理能力的现代化的关键

政府职能是国家行政机关依法对国家和社会公共事务进行管理时应承担的职责和所具有的功能，它是政府治理体系中最本质的东西。在政府治理体系的制度框架中，首先要解决的问题是，政府是做什么的？政府的职责是什么？它有哪些基本功能？如果不解决这些问题，政府就无法行动，何谈政府行为？何谈依法行政？不同时代和不同性质的政府职能是不一样的。每一个时代的政府有其特定时代的职能，每一种不同性质的政府也有与其特定性质相关的职能。相对现代而言则有古代、近代，我们在此统称传统时代，现代则是一个过程，漫长的过程，现代化则是表征这个过程的延续。当今中国的政府正在从传统时代走向现代，处于现代化的过程之中，一方面带有传统的特征，另一方面也正在向着现代化发展，政府的职能也是如此。政府职能规定着政府做什么，怎么做，以及包括它与市场的关系，与社会的关系，如果一个政府在这些最本质、最基本的内容上还是传统的，或是半传统的，尚未能实现现代化，那么，这个政府的治理体系和治理能力根本不可能现代化。所以，今天要实现政府治理体系和治理能力的现代化，关键是要实现政府职能体系的现代化，首先解决好现代政府自身的定位问题，以及政府与市场、政府与社会的边界问题。合理确定政府自身的定位，合理界定政府与市场、政府与社会的边界，这是现代政府与传统政府的主要区别，也是政府治理体系和治理能力现代化的重要标志。同时，在现代市场经济条件下，政府只有对

---

① 俞可平. 衡量国家治理体系现代化的基本标准——关于推进"国家治理体系和治理能力的现代化"的思考［N］.北京日报，2013.12.09.

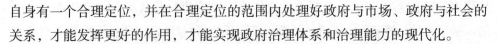

自身有一个合理定位，并在合理定位的范围内处理好政府与市场、政府与社会的关系，才能发挥更好的作用，才能实现政府治理体系和治理能力的现代化。

（三）加快转变政府职能的根本目的是加快实现政府职能的现代化

若要理解政府职能转变与政府职能现代化的关系，就需要正确理解政府职能现代化的含义，而这又只有在正确理解国家治理体系和治理能力现代化的前提下才有可能。现代化的国家治理体系是一个由政府、市场与社会合作共治的治理体系，在这个治理体系中，政府、市场和社会均有其特定的角色，行使特定的职能。现代化的政府职能只有从这种合作共治的体系中得到体现。政府职能的现代化是一个过程，就是一个缩小差距的过程，而政府职能转变则是缩小差距的实现方式。回顾改革开放以来我国政府职能转变的过程，从全能政府为特征的政府职能一步一步地走到今天以有限政府为特征的政府职能，已经取得了突破性进展。但是，与以让市场在资源配置中发挥决定性作用的现代政府职能定位相比，我国现代的政府职能体系的转变远远没有到位。政府不正确地干预市场和包办社会事务的职能还大量存在，而政府对市场监管和公共服务的职能则远远不足。在当前我国政府职能转变已经取得巨大成就但距政府职能现代化要求还依然存在差距的情况下，进一步转变政府职能的根本目的就是要通过削减政府对市场的不当干预职能，调整政府对社会管理的职能，增强政府对市场监管和公共服务的职能，使政府职能与政府在现代化国家治理体系的角色定位相一致，以实现政府职能的现代化。

二、当前我国加快转变政府职能需要重点创新的主要政策问题

从政策科学的视角看，政府职能就是制定政策和执行政策，尤其是执行政策。政府职能与公共政策密切相关，有怎样的政府职能就有怎样的公共政策。反过来说，怎样的公共政策也规定着怎样的政府职能。转变政府职能，需要创新与政府职能密切相关的公共政策。为推进政府职能转变进行政策创新，就需要明确与促进政府职能转变的相关政策问题，知道需要在哪些政策领域进行创新。在党的十八届三中全会通过的《中共中央关于全面深化改革若干重大问题的决定》（以下简称《决定》）中，专章论述了"加快转变政府职能"的问题，共分为三条，即"（14）健全宏观调控体系""（15）全面正确履行政府职能"和"（16）优化政府组织结构"。在这三条中，全面地、系统地阐述了政府职能转变所涉及的一系列政策问题，具体说来，主要包括以下几个方面的政策问题：

一是与宏观调控相关的政策问题，具体包括以下几个方面：

财政政策和货币政策。《决定》指出"宏观调控的主要任务是保持经济总量平衡，促进重大经济结构协调和生产力布局优化，减缓经济周期波动影响，防范区域性、系统性风险，稳定市场预期，实现经济持续健康发展。"要实现这些任务，首先需要财政政策、货币政策、产业政策和价格政策等政策工具的合理、有效运用。从20世纪90年代以来，我国在建设社会主义市场经济体制的实践和运用这些政策工具方面取得了很多经验，但毋庸讳言，也还存在不少问题，需要不断深化改革，不断实践探索、积累经验。

国际宏观经济政策问题。在经济全球化时代，一国的国际宏观经济政策也与该国政府对经济的宏观调控密切相关。例如，外贸政策或商品进出口政策、国际收支平衡政策、外汇管制和汇率政策，在我国都是重要的宏观调控政策。对于当前的中国经济发展而言，外贸进出口、人民币汇率等因素严重地影响着我国的宏观经济，因而有必要在这些政策领域进行大胆创新，以发挥这些政策工具在宏观调控中的良性作用。

与投资体制相关的政策问题。经过多年的改革，总体上说，我国的投资管理体制正在逐渐与社会主义市场经济体制接轨，但是与社会主义市场经济体制的要求还相差较远，尤其是与十八届三中全会《决定》中的"市场对资源配置起决定性作用"的要求甚远。比如目前政府不但管投资总量和结构的平衡，还管投资项目的审批，而且由发展和改革委员会一个部门来管，这不但容易造成腐败，而且严重制约了市场在配置资源中的作用，影响了资源配置效率。同时，在投资管理体制中，中央政府权力过大，造成"跑部前进"现象，也不利于发挥地方政府的积极性。因此，要加快转变政府职能，必须加快投资体制改革政策的创新。

与发展成果考核评价相关的政策问题。发展成果考核评价体系与政府职能存在着密切关系。所谓政府职能，不仅是指政府应该干什么，更是指政府实际上干了什么。对于政府部门或地方政府而言，发展成果考核评价体系是个指挥棒，这个指挥棒指什么，政府部门或地方政府就干什么。前些年，这个体系的核心内容是GDP，所以大家主要是围绕增加GDP转，不仅仅导致经济发展与社会发展"一条腿长一条腿短"，而且导致环境污染。所以，要转变政府职能，必须改变政府的指挥棒，创新发展成果考核评价政策，改革发展成果考核评价体系。

二是与全面正确履行政府职能相关的政策问题。具体包括以下几个方面：

政府加强市场监管的政策问题。由于我国社会主义市场经济还处在初级阶段，市场发育还不太充分，市场体制还不太健全，市场制度尚不太规范，因此政府对市场的监管责任仍然非常重大。市场发达国家的经验告诉我们，即使将来市场发育比较充分，市场体制比较健全，市场制度比较规范，政府对市场的监管仍然是非常必要的。目前我国市场监管体制还存在着诸多问题，如政府发挥市场监管的职能不到位，监管力量分散，各自为政，互踢皮球，这些现象仍然经常发生，严重影响了我国社会主义市场经济的运行，要解决问题，必须对市场监管的政策进行创新，以完善目前的市场监管体制和机制。

政府加强公共服务的政策问题。政府职能转变并不是意味着仅仅削减或弱化政府职能，而是既有削减，又有增加；既有弱化，又有强化。需要削减和弱化的是政府的市场干预职能，需要增加或强化的是政府的公共服务和社会管理职能，尤其是公共服务职能。从目前的实际状况看，我国政府在义务教育、医疗保障、住房保障、社会保障等公共服务方面的职能还比较弱，人民所能享受到的政府提供的公共服务与我国经济发展水平还非常不匹配。就现有的公共服务水平而言，不同地区之间、不同阶层之间、城乡之间还存在着非常不均等的现象。这些现象的存在表明政府在向公民提供公共服务方面还存在着缺位和错位的问题，只有通过公共服务的政策创新才可能解决这些问题。

事业单位分类改革的政策问题。当前我国存在着的事业单位体制仍然带有计划经济的特点。一方面，很多事业单位依然是政府的附属物，主要依靠政府生存，被政府当作下属单位管理，没有活力；另一方面，有一部分事业单位依然有一定的行政权力，行使着一定的行政职能。这就在很大程度上造成政事不分，容易出现政府和事业单位职能错位的现象。还有一些事业单位一方面享受政府的财政拨款，另一方面又通过经营在市场上取得收入，甚至还通过自己所具有的行政权力实施垄断经营，获取超额利润，既造成市场的不公平，又严重扰乱了市场秩序。这既影响了市场机制的正常发挥，又影响了政府公共服务的有效供给和均等化，政府必须尽快出台相关政策，通过政策创新来促进事业单位分类改革，以便于政府更好地发挥作用。

三是与优化政府组织结构相关的政策问题。具体包括以下几个方面：

大部制改革的政策问题。历史经验表明，机构设置过多，就会造成政府部门分工过细，从而会引导政府部门管理微观事务，对市场和社会干预过多，既干扰了市场机制在资源配置中发挥决定性作用，也不能使政府发挥更好的作用。当代世界发达国家的经验告诉我们，防止政府分工过细，就要整合政府机构，大部制则是一种比较可行的方案。我国在 2007 年党的十七大报告中就明确提出要进行大部制机构改革，2008 年在十一届全国人大一次会议上提出大部制改革方案，随后一些地方如广东顺德也进行了大部门制改革试点，积累了一些经验。实践表明，大部门制有利于促进政府职能转变，但我国还处于初步探索过程之中，需要通过政策创新，不断加以完善。

地方行政体制改革，特别是省直管县改革的政策问题。目前政府职能转变过程中，有一种现象很值得注意，就是中央政府通过改革把一些相关行政职能和权力取消或者下放，但地方政府并没有做相应改革，甚至有的地方政府还打着改革的旗号进一步上收权力，不当地扩大自己的职能范围。因此，必须在加快中央政府职能转变与政策创新的同时，进一步创新地方行政体制改革的政策，使地方政府职能转变取得实质性进展。在这其中，省直管县改革的政策问题，需要提到相对突出的地位。因为目前的市（地级）管县体制，严重制约了县级政府作用的发挥，影响了县域经济的发展，需要通过省直管县改革政策的创新，释放县域的活力，促进我国农村农业和新型城镇化的发展。

机构编制管理的政策问题。机构编制管理与机构设置、职能配置人员编制密切相关。政府职能是通过政府机构来行使的，反过来说政府设置一定的机构就是为了行使一定的职能，而机构一定要由一定的人员来组成，职能也是要由人来行使的。所以，政府职能的转变和现代化必须通过政府机构设置、职能配置和人员编制的现代化来实现。改革开放以来，我国在机构设置、职能配置和人员编制的政策方面，已摸索出一套以"三定"即定机构、定职能、定编制为代表的政策体系，但这套政策体系与当前要求政府职能进一步转变及其现代化的要求尚不完全相适应。为了更有效地推动政府治理和政府职能的现代化，实现十八届三中全会提出的既要使市场在资源配置中起决定性作用，又要使政府发挥更好作用的目标，还需要通过政策创新，进一步完善机构编制管理的相关政策。

三、加快政府职能转变进行政策创新的建议

（一）在推动政府职能转变过程中，要增强政策创新的主动性

《决定》对政府职能转变的阐述不但占据了相当多的内容，突显这个问题的重要性，而且对如何转变政府职能主要是从政策的角度来阐述的，《决定》论述的与转变政府职能相关的主要政策问题或政策领域，是一个完整的政策体系。也就是说，按照党的十八届三中全会的决定，要加快转变政府职能，必须要在这些

政策领域进行大胆创新，这就要求在推进政府职能转变的过程中，必须自觉地、主动地开展政策创新。政府职能是通过制定政策和执行政策来实现的，政府有什么样的职能，就会制定和执行什么样的政策。政府职能转变也可以说是政府职能的创新，意味着要调整某些职能，或减少某些职能，或要增加某些职能，或职能包含的内容和履行的方式改变。而这一切，都要通过制定和执行一系列具体的政策才能实现。因此，推进政府职能转变过程，实际上是一个自觉地、主动地开展相关政策创新的过程。特别是地方政府，在全面深化改革过程中，要推动本级政府职能的转变，不能坐等上级的红头文件，更不能空喊转变政府职能的口号，而应该根据中央精神，结合本地实际，通过具体的政策创新来推动本级政府的职能转变。

（二）在推动政府职能转变过程中，要注重政策创新的系统性、整体性和协同性

《决定》提出了全面深化改革"必须更加注重改革的系统性、整体性、协同性"，这同样适用于作为全面深化改革重要内容的政府职能转变过程中的政策创新。《决定》中提出的与政府职能转变相关的需要创新的政策问题或政策领域，本身就具有系统性、整体性和协同性的特点。对于政府职能转变来说，宏观调控的政策、正确履行政府职能的政策、优化政府组织结构的政策构成一个有机的政策系统，这个系统是一个有机整体，各部分之间是相互协调的。政策创新需要根据政策系统的这些特征进行系统性创新、整体性创新和协同性创新。对政策的系统性创新要求把与政府职能转变相关的政策看成一个完整的有机系统，关注政策系统的各个部分即各项具体政策之间的有机联系，注重在政策创新过程中各项具体政策创新的彼此联动，相互关联。对政策的整体性创新要求把与政府职能转变相关的政策看成一个整体，在政策创新过程中不但要关注各项具体政策的创新，更要关注具体政策创新与整体政策创新的关系，防止政策创新过程出现政策碎片化的现象。如果政策创新出现碎片化，只是对某几项政策或某项政策的某些方面的内容进行片面创新，新旧政策之间不协调，还是不能实现政府职能的全面转变，如果有所转变，也只能是片面的转变，这种片面的转变与全面深化改革的要求是不相适应的，而且还有可能引起政策系统的紊乱。对政策的协同性创新要求在政策创新过程中注重各项具体政策创新之间的相互协调。政策创新过程中这种各项具体政策创新相互协调非常重要，因为政策之间只有相互配合才能达到政策目标，如果某一单项政策独立地开展创新，而没有与之配套的政策协同创新，这

一单项政策创新根本无法达到它所要实现的政策目标，更不可能对于推动政府职能转变发挥应有的作用。

（三）在推动政府职能转变过程中，要在行政审批制度改革这个突破口上进行深层次的政策创新，坚持行政审批制度改革的彻底性、公开性和持续性

21世纪以来，我国一直把行政审批制度改革当成是政府职能转变的突破口。从2002年第一轮行政审批改革至今，国务院分六批共取消和调整了2497项行政审批项目，占原有总数的69.3%，各地区取消和调整的行政审批事项占原有总数的一半以上。新一届政府成立以来，同样是把行政审批制度改革当成是政府职能转变的突破口，在这方面做了大量的工作，至目前为止，取消和下放的行政审批事项已达221项。这对于扩大和加强市场在资源配置中的作用具有非常重要的意义。为了使新一轮的行政审批制度改革更加有效，建议在行政审批制度改革政策创新方面遵循以下原则：

一是彻底性。行政审批制度改革需要各级政府部门打破现有利益格局，凡是市场和社会能自我调节的坚决取消；凡是社会组织能够承担的坚决转移给社会组织；凡是下级政府能够履行的坚决下放给下级政府，以自我革命的精神对行政审批制度进行一个彻底的审视。不仅是对目前存在的不合法、不合规的行政审批事项应该取消，即使是合法、合规但已经不适应全面深化改革开放新形势的，也要通过对法律和规章的修改，经过合法程序逐步取消。

二是公开性。我国多年来的行政审批制度创新已经清理了相当大一部分审批项目，然而时至今日，仍然可以听到抱怨政府审批事项过多的声音，政府对市场的管制行为似乎并未有随着审批项目的精简而放松。出现上述现象的一个重要原因就是地方政府行政审批改革中"明减暗增""边减边增"，这些行为或是把要精简的项目合并到一个整体项目上报，看似减少了不少项目，实则这些行政审批项目都没有被清理掉，甚至一些被清理掉的项目改头换面，以新的名字重新进入了行政审批事项。解决该问题的根本方法就是以公开性的原则操作行政审批制度改革。一方面在审批项目部门自报项目的基础上划定界限，隐瞒不报的审批项目一律作废。同时要求列明审批事项名称、类别、依据是否含子项目、收不收费、办理时限等内容，以此作为行政审批项目清理的根据。另一方面，在公开被清理、调整行政审批项目的同时，那些被保留下来的行政审批事项，以及将要新增的行政审批事项也应该同时予以公布，在透明公开的环境下接受相关部门和社会的监督。

三是持续性。行政审批政策创新不仅仅是对行政审批项目的清理，而且是对整个行政审批制度的持续性的完善过程。如第六次行政审批制度取消和调整的项目主要集中在投资、社会事业、非行政许可项目等领域，在这些领域政府应该理清自身职能边界，还权于社会。然而在食品安全卫生、生态环境保护和设计消费者安全的标准和职业规范等方面，政府应该加强审批和监管。在这些领域，政府的行政审批不仅不应该放开，还应该提升其审批监管的能力。与此同时，对被清理的行政审批项目的取消和下放也不意味着政策创新过程的结束，取消的行政审批项目只是代表着政府在微观层面减少对市场的干预。由于市场解决不了所有问题，市场既需要政府为市场提供规则和环境，又需要政府为市场上的弱势群体提供必要保障，转型期还需要政府为经济健康发展提供有效的引导和推动。不管是中央政府下放到地方政府还是政府部门放到市场的审批项目，都需要新的承接主体，而且是有承接能力的各类主体。比如某方面行为主体的资质管理，就需要有行业组织和行业专家的自我组织和自我管理能力。如果这样的主体不够，政府转变职能的战略目标就很难实现。所以，与行政审批制度改革和政府职能转变相关的政府宏观管理能力的提升问题、社会组织建设问题、社会治理机制问题，都同时相应地进入政策创新的议程。

（四）在推动政府职能转变过程中，要把创新宏观调控政策摆在重要的地位，把握好宏观调控政策的适度性、有效性和多元组合性

《决定》明确指出："宏观调控的主要任务是保持经济总量平衡，促进重大经济结构协调和生产力布局优化，减缓经济周期波动影响，防范区域性、系统性风险，稳定市场预期，实现经济持续健康发展。"应该说，我国政府在宏观调控方面已积累了比较丰富的经验，但同时也存在一定问题，"调控过当"和"调控不足"同时并存。近年来房地产调控，就有"调控过当"之嫌，而在结构调整、发展方式转变方面则有"调控不足"之嫌。为解决"调控过当"的问题，政府应研究宏观调控政策的适度性问题，包括规模的适度和时间频率的适度，无论是财政政策的运用还是货币政策的运用，都应该坚持适度性的原则，在可能的情况下可探索并制定适度性的标准；同时要坚持有效性的原则，当前特别是要强调在调结构、转方式的调控方面的有效性，如有可能也应该探索并制定有效性的标准；最后，鉴于我国当前在调结构、转方式的调控方面和环境保护方面的任务艰巨，加之国际收支不平衡、人民币内贬外升等问题比较突出，在宏观调控方面，除需要运用财政政策和货币政策外，还要更多地将产业政策、投资政策、国际贸易政策

和环境保护政策的多种政策工具有机组合，通过这种多元组合的政策系统使宏观调控政策更加优化，取得更好的效果。

（五）在推动政府职能转变过程中，应尽快完善政府绩效考核标准，注重政绩考核指标体系的立体性

政府绩效考核指标体系是政府部门的指挥棒，政府考核什么，政府部门和官员就干什么。因此，在一定意义上，与其说政府职能是有关文件规定的，还不如说是绩效考核指标决定的。自从科学发展观提出后，单纯以 GDP 论英雄的政绩考核指标体系就广受质疑，学界和社会上关于改变政绩考核指标体系的呼声一直很高，政府也在这方面做了不少努力。但是，由于我国尚处在社会主义初级阶段，发展才是硬道理，而发展又主要是经济的发展，因此，在实际工作中，政府绩效考核主要变成了 GDP 考核，近些年虽然有所改变，但 GDP 考核在政府绩效考核指标体系中比例仍然过大，甚至有的地方只把 GDP 当硬指标，其他都成了软指标，因而实际上政府（尤其是很多地方政府）的职能还主要是唯 GDP 是从。要扭转这种局面，必须建立立体性的政府绩效考核指标体系，特别是要使公共服务、社会治理、环境保护等方面的指标成为硬指标，而且在考核指标体系中占有和 GDP 同样重要的比重。只有这样，考核才能真正促使各级政府及其部门将更多职能转移到公共服务、社会治理、环境保护等方面上来。

（六）在推动政府职能转变过程中，应允许地方先行先试，注重总结地方政策创新的经验，在成熟时给予必要的推广

先试点，有了经验和条件成熟后再推广，这是我国改革开放的基本路径。在当前推进政府职能转变过程中政策创新仍然需要遵循这一路径。例如，我国作为政府职能转变突破口的行政审批政策创新的轨迹一般是沿着这样的路径进行：中央政府提出创新要求，以试点的形式让地方政府在权限范围内进行政策创新，然后有选择地将地方的政策创新成果变为制度供给在中央层次实施同时向全国推广。在过去历次行政审批制度改革中，由于地方政府的行政审批事项很多是与中央部委配套的，这往往束缚了地方政府政策创新的手脚。然而新一轮的行政审批改革在让广东省成为试点的同时，全国人大还授权广东省暂时调整部分法律规定的行政审批授权。全国人大的这个授权，对促进行政审批制度改革的政策创新，推进政府职能转变，具有重要的示范意义。过去的行政审批项目清理主要针对的是不符合法律规定的审批项目，对于不合理但是符合法律规定的审批项目，尤其是中央部门法律规定的审批项目往往无法被清理或调整，在改革进入"深水区"

的背景下，如果不大刀阔斧地对不合理的行政审批事项进行彻底清理，行政审批制度改革的政策创新就很难实现。在行政审批制度改革方面的政策创新，还有很多地方创造出了一些很好的经验，如浙江、上海、山东等地关于行政审批制度标准化的政策创新，深圳等地关于行政审批制度集成化的政策创新，都具有推广价值。采取先试点、后推广的路径有序推进政府职能转变的政策创新，以往的经验证明是非常有效的，今后仍然有必要遵循这一路径。

结　语

国家治理体系和治理能力现代化的关键在于政府治理体系和治理能力的现代化，而政府治理体系和治理能力现代化的关键在于政府职能的现代化。实现政府职能现代化的重要途径是政府职能转变，其关键在于政策创新。唯有如此，才能使政府职能转变的纲领化为具体的行动。从理论逻辑上来说，政府职能转变与政策创新之间存在着目的与手段的关系，只有进行政策创新，才能更好地转变政府职能，从而为行政体制改革创造更好、更充分的有利条件。为深入推进我国政府职能转变，当前必须有针对性地、有重点地进行政策创新，通过政策创新来促进政府职能转变，通过创新的政策来规范转变了的政府职能，从而使政府职能转变朝着健康的方向发展。

作于 2013 年

政治体制改革势在必行

政治体制改革是建设中国特色社会主义的一个重要组成部分。在经济体制改革继续深入，大力发展市场经济和实现社会主义现代化建设的过程中，我们对政治体制改革的认识也在深化。政治体制改革和经济体制改革是互为条件、相互制约、相互配套、相互适应、相互促进的。实践已经证明，不搞或搞不好政治体制改革，经济体制改革就不能深化，已经取得的成果就难以巩固、发展或得不到保障。邓小平同志曾强调指出："不搞政治体制改革，经济体制改革难于贯彻"。有计划有组织地进行政治体制改革，已成为深入进行经济体制改革的关键，也是坚持社会主义制度、搞好社会主义现代化建设的根本保证。我国的政治体制改革，必须在党的领导下有计划、有秩序地逐步展开。

政治体制改革是调整国家上层建筑和经济基础的关系，是我国社会主义制度的自我完善和自我发展。列宁曾经指出："如果没有国家机关，那我们早就灭亡了。如果我们不进行系统的和顽强的斗争来改善国家机关，那我们一定会在社会主义基础还没有建成以前灭亡"。社会主义国家机关通过这样"系统的和顽强的斗争"而达到的完善，就是改革，其目的是为了加强和改善党的领导，充分实现社会主义民主，最大限度地调动广大群众的积极性、创造性，充分发挥社会主义制度的优越性。这就是我们今天进行政治体制改革的宗旨。十三大报告指出："政治体制和经济体制改革的目的，都是为了在党的领导下和社会主义制度下更好地发展生产力，充分发挥社会主义的优越性。也就是说，我们最终要在经济上赶上发达的资本主义国家，在政治上创造比这些国家更高更切实的民主，并且造就比这些国家更多更优秀的人才"。因此，改革的目的决定了我们的政治体制改革应当在马克思主义正确理论指导下，在坚持社会主义道路和维护、巩固和发展安定团结的局面下，在中国共产党的统一领导下进行，并在改革的实践中，丰富和发展马克思主义的国家学说和基本理论。

经济基础决定上层建筑。经济基础改变了，上层建筑也要相应改革。当前的政治体制改革就是要改革过去与产品经济相适应的政治体制，建立与发展市场经济相适应的管理体制。我们政治体制改革的目的，从为经济基础服务的意义上来讲，也就是为了更好地发展社会主义市场经济。能否有利于充分发展社会主义市场经济，也是检验政治体制改革成效的一个关键。

政治体制改革是关系国家全局的大问题，是一个具有战略性、综合性的社会系统工程，比经济体制改革更复杂、更艰巨，它会触及各个方面。不仅涉及马克思主义的国家学说、政党学说、革命和建设学说等一系列基本理论问题，而且必然要触及人们的实际利益以及固有的权力，同时也会触及人们的传统思想、传统观念和习惯势力。应该看到改革的难度是很大的，政治体制改革从对人们的思想影响来看，它既要冲破保守的、陈旧的甚至是僵化的思想观念，又要树立起一些新的思想观念和新的工作作风。我国的社会主义市场经济体制改革，包括经济体制改革和政治体制改革，就其引起社会变革的广度和深度来说，是又一次革命。我们必须要有长期的、充分的思想准备，以积极的态度，迎接政治体制改革，并在改革的实践中，探索前进。

作于 2012 年

只有放权，才能简政

以城市为重点的经济体制改革的展开，也向国家行政管理提出了改革的要求。

党的十二届三中全会关于经济体制改革的决定，要求"各级领导机关把自己的全部工作切实转移到为发展生产服务，为基层和企业服务，为国家的繁荣强盛和人民的富裕幸福服务的轨道上来"。国家行政机关要做到为基层和企业服务，为生产服务，首先要搞好政府部门特别是经济管理机关的机构改革，划分清楚政企职责。而机构改革、实行政企职责分开的关键，不在于撤销、合并了多少机构，而在于能否真正放权。

精简机构，下放权力，在我国搞了多次，但除了党的十一届三中全会以来，在精简机构中调整领导班子取得了一定成效外，国家行政管理中存在的部门林立、机构重叠、人浮于事、职责不明、互相扯皮的官僚主义积弊，并没有真正解决。有的地区，部门甚至出现精简机构"变戏法"，表面上减少了行政机构，似乎简了政，实际上又成立了不少政企合一的行政性公司，对上要权，对下集权，企业办事得"先跑公司后跑局"，层层设障，处处设卡。列宁在《宁肯少些，但要好些》一文中总结苏维埃政权机关精简的经验教训时曾指出："为了改善我们的国家机关，我们已经空忙了五年，但不过是空忙而已，五年来已经证明这是徒劳无益的，甚至是有害的。这种空忙使我们徒具工作的外表，实际上搅乱了我们的机关和我们的头脑"（《列宁选集》第四卷第700页）。我国在机构改革中也存在一些问题。出现这种现象，原因固然是多种多样的，但根本的、主要的原因，是一些行政管理机关热衷于部门利益，舍不得下放属于基层的一些产、供、销、人、财、物等方面的职权，认为"当权派不如实权派"，包揽了许多不该管而又管不好、管不了的事情，使领导机关身不由己地陷入了"文山会海"之中。在这种情况下，官僚主义势难避免。要改变这种状况，必须按照"为人民服务和精简、统一、效能"的原则，简政放权，改革政府机构的经济管理机关。

简政放权，不是削弱国家行政机关对经济活动的领导，更不是撒手不管，放弃领导，而是下放直接指挥企业经济活动的权力，摆脱"统计报表天天送，审批手续件件办"的大量事务工作，改变现在政府经济部门一身二任的双重性：由既是政权机关又是生产经营的主管部门，改变为不管烦琐事务、能够从全局出发领导宏观经济的政府机构。这样，基层企业就可以免去多头管理，行政机关就可以除去重复劳动，真正成为"机构精干、工作效率高、密切联系群众、很少官僚主义的政权组织"，跳出部门利益的圈子，真正代表国家利益，领导好经济建设。这样，也就能够消除国家机关简政的阻力和避免简政只做表面文章的弊病。

实行简政放权，国家行政机关不再直接经营企业，不去干预企业内部的经济活动，一些经济主管部门感到不知道管什么工作，也不知道怎么工作，这是政企职责分开以后出现的新情况、新问题。

过去习惯的那一套事事审批、件件办文，"常开会，开长会，到了时间不散会"，对企业管死有术、管活无方等等工作方法，已不适应。"我们熟悉的东西有些快要闲起来了，我们不熟悉的东西正在强迫我们去做。这就是困难"。面临这一困难，是退缩守旧、等待观望走老路，使简政名不符实，还是采取积极的态度，钻进去，学会自己不懂的东西呢？正确的态度，应当是认真研究新情况，解决新问题，使国家行政机关管理经济，更快地从主要使用行政手段，转到主要使用经济手段；从微观经济管理，转到宏观经济管理；从封闭式的管理，转到开放式的管理；从对生产的垂直领导、"一竿子插到底"，转到为企业服务，以适应社会主义市场经济的发展。要做到这些，任务不是轻了，而是更重了；不是没有事干，而是有许多事情要做，有许多管理学问需要去学习。列宁在讲到国家机关精简的问题时，曾强调指出："为了革新我国的国家机关，我们一定要给自己提出这样的任务：第一、是学习；第二、是学习；第三、还是学习。"（《列宁选集》第四卷第699—700页）现在，我们也正面临列宁指出的学习国家行政管理的任务。

作于 2008 年

反腐倡廉要真抓实干

党和政府十分重视党风和廉政建设，已经制定了一系列有关的制度和规定，反腐败斗争也有一定的进展。但现在贪污受贿、以权谋私、执法犯法、任人唯亲以及官僚主义、搞行业不正之风等腐败现象，在一些地区、部门表现仍很严重。

反腐败斗争在一些方面之所以抓得不实，从群众反映的意见来看，主要有以下几点：

一、一些人对反腐败斗争的重要性认识不足，言行不一，措施不力，说一套做一套，光说不干，光写不办，致使纠正不正之风常走过场。

二、对廉政建设搞上有政策，下有对策，有令不行，有禁不止。如中央三令五申反对的公款吃喝、公费旅游，但这些现象依然有增无减。一些人在请客送礼中，礼品越送越全，手法越来越高。

三、对权力缺乏有效制约和监督。腐败现象多种多样，但核心是以权谋私的问题。只有克己奉公，方能不以权谋私。但要做到克己奉公，除了本人的觉悟、素质外，还需要规章制度的约束和监督。

四、在反腐倡廉中，有的领导机关、领导干部尚未做到率先垂范。"上不正，焉能断人是非；己不正，焉能正人行为。"一些领导机关、领导干部模范带头作用发挥得不够好，影响着廉政建设的推进和反腐败斗争的深入开展。

反腐倡廉，领导是关键。要坚决反对表里不一的恶习，树立言行一致的作风，做到令必行，禁必止，少说空话，多办实事，使党中央、国务院颁发的各项反腐倡廉的规定和所提出的要求，真正变成广大党员和各级干部的实际行动。对权力部门和掌握实权者的管理、使用、约束、监督事关重大，反腐倡廉首先要把这些部门和这些人抓好。唐朝大政治家魏征说过："居安思危，戒奢以俭。"只要我们在反腐败斗争中真正做到实干，各地的勤政、廉政建设就可取得实效。

作于 2009 年

改革行政管理，提高行政效率

党的十二届三中全会作出了关于经济体制改革的决定，以城市为重点的整个经济体制改革，正在加快步伐，深入发展。经济体制改革的深入发展，已经触及行政管理，给行政管理提出了改革的要求。

我国现行的行政管理，从观念习惯到制度办法，基本上是20世纪50年代在改造生产资料私有制、建立社会主义公有制的过程中形成的，有的是照抄照搬了外国的模式。行政管理总的倾向是对下面、基层、企业管得过紧，统得过死，抓得过细，包得太多，平均主义，一律对待。这在当时是可行的、有效的，在当时历史条件下也是必要的。但是经过了几十年的发展，特别是在当前对外实行开放、对内搞活经济，客观形势要求依据和自觉运用价值规律，有计划地发展社会主义商品经济的情况下，以往从改造所有制出发，带有浓厚的供给制性质的一套行政管理体制，有的和社会主义经济基础相适应，有的已经很不适应，甚至存在着不少阻碍经济发展的弊病。比如，机构重叠、层次繁多、部门林立、人浮于事、职责不明、互相扯皮的官僚主义现象，"有些事没人管，有些人没事管"，缺乏时间观念，缺乏经济观点，缺乏科学化、现代化的知识，不讲效率，不讲效益，几乎成为通病，已经影响着"四化"建设的进程。特别是党的十一届三中全会以来，我们党和国家的工作重点，转移到了经济建设的轨道上来，经济生活出现了新形势新要求；而当前以城市为重点的整个经济体制的改革又相当复杂，并且这一改革又是在具有一定实际权力的行政管理部门领导下进行决策、组织和实施的。因此，改革国家行政管理，更好地发挥政府机构领导和组织经济建设的职能，就成为必须解决的一个重大课题了。

改革国家行政管理，无论是精简机构也好，还是克服官僚主义也好，根本宗旨就是为了提高国家机关的行政效率。所谓行政效率，也就是讲国家行政机关的工作效率，指政府机构的决策符合客观规律，运转正常协调，指挥灵活有效，办事迅速、准确、无误。列宁在讲到苏维埃政权如何工作时曾经指出："社会主义是大机器工业的产物，如果正在实现社会主义的劳动群众不能使自己的机关像大

机器工业所应该工作的那样进行工作"，"如果没有一个像钟表一样准确地工作的
经济机关，那么也就谈不上实现什么社会主义了。"（《列宁全集》第27卷，第
194页）。尤其是在现代，信息已经成为社会经济发展的关键。如果我们的国家
行政机关还是办事拖拉，信息不灵，决策不准，施政不快，"文山会海"，公文旅
行，只画圈圈，不解决实际问题，就会贻误时机，给经济建设带来损失。走在我
国行政管理改革前面的广东深圳经济特区，提出了"时间就是金钱，效率就是生
命"的口号，这是符合客观经济发展规律的。它既是企业管理的指导思想，也是
国家行政管理应当遵循的原则。俗话说："一寸光阴一寸金，寸金难买寸光阴。"
改革行政管理，做好行政管理，提高行政效率，促进经济发展，就要有时间的观
念。要提高国家机关的行政效率，实现对社会经济活动进行有效的管理，应该做
得事情很多。当务之急，就是要建立起一个机构设置科学合理、信息灵通、反应
敏捷、咨询周全、指挥灵活、效率很高、作风民主、监督有力、依法办事、密切
联系群众、很少官僚主义的行政管理体系，逐步实现国家行政管理的科学化、法
制化、现代化。

　　什么叫国家行政管理的科学化呢？我们所说的科学化，就是指国家行政机关
的各种行政管理活动和国家行政机关自身建设的管理活动，都有一个可以遵循的
客观规律。就是说，对行政管理中的决策、执行、咨询、信息、监督等活动和国
家行政机关自身建设中的机构设置、人员配备以及实施政务的程序，都要严格地
按照客观规律办事和有科学的依据。不唯上，不唯书，从实际出发，实事求是，
不搞形式主义，不单靠经验拍板施政，不只凭主观愿望决策行事，坚决去掉随意
性，力求避免盲目性。

　　什么叫国家行政管理的法制化呢？所谓的法制化，就是指行政管理要通过法
律加以稳定和巩固，甚至是通过法律来保证实施的。在某种意义上来说，现代国
家的行政管理也是一种法律的管理。用法律手段，就是以立法的形式，来保证和
维持行政管理的权威性与行政效能，做到不靠人制，靠法制。只有这样，才能保
持国家大政方针和执行政策的连续性，防止政策多变，避免"一个将军一个令"，
"人在政在，人去政息"，或者"政出多门"等弊病的发生。

　　什么叫国家行政管理的现代化呢？所谓的现代化就是指在科学技术飞速发展
的今天，国家行政机关及其实施行政管理的活动，从思想观念，到组织机构、人
员素质、方法手段以及使用的办公工具，都要达到现代化的先进水平。为此，这
就要根据我国的国情，不断地吸收国外先进的行政管理的科学知识和有益的成熟

经验，为我所用，并创造条件，运用先进的自动化的设备，处理政务，从而及时迅速、准确无误地收集、分析、研究和传达各种信息指令，有效地完成国家行政管理职能。

国家行政管理的科学化、法制化和现代化是密切联系、互相促进、协调一致的，需要综合进行。我国的行政管理，只有通过改革和随着经济的发展，逐步实现科学化、法制化、现代化，才能真正提高行政管理的水平，才能建立起高效率的具有中国特色的社会主义行政管理体系，从而更好地为社会主义的经济基础服务，为推进四个现代化的建设服务。

1986 年 4 月 8 日《工人日报》刊登

改进机关工作作风，更好地为基层、企业服务

在"七五"计划时期，我国的经济体制改革将继续有计划、有步骤地全面展开。随着经济体制改革的纵深发展，国家对企业的管理逐步由直接控制为主转向间接控制为主，政府机构管理经济的职能也将发生相应的转变，由经营性、事务性的微观管理，转变到运用各种经济手段和法律手段，辅之以必要的行政手段，加强宏观管理。这种管理职能任务和范围的转变，要求各级政府的经济部门必须改变过去那种把主要精力放在定指标、批项目、分资金、分物资上面的做法，逐步转到主要搞好统筹规划、制定政策、组织协调、提供服务、运用经济调节手段和加强检查监督方面来。这是整个经济体制改革的重要组成部分，也是社会主义上层建筑的一次重大变革。

体制改了，职能变了，工作方法和思想作风也要改，也要变。各级领导机关必须真正把自己的全部工作切实转到为生产服务，为基层和企业服务，为国家的繁荣强盛和人民的富裕幸福服务的轨道上来。

各级行政领导机关为基层企业服务，实质上就是上层建筑为经济基础服务。企业是国民经济的细胞，是国家工业生产和商品流通的主要的直接的承担者，是发展社会生产力的基础。在"七五"期间，各级领导机关特别是经济管理部门如何更好地为企业服务，进一步搞活企业，管好企业，使企业的微观经济活动，在符合国家宏观管理的要求下健康发展，对实现经济体制改革的总目标，解放生产力，发展生产力，提高社会经济效益，促进四个现代化建设，具有十分重要的现实意义。

领导就是服务。各级行政领导机关在简政放权、实行政企职责分开后，对基层企业不是削弱领导，更不是撒手不管，而是需要采取新的方式方法和新的工作作风来为企业服务。

为了真正做到有效的优质服务，首先必须提高自己的思想和业务水平，改进工作方法和工作作风，坚决清除官僚主义的陋习，克服种种扯皮现象，少讲空话，多做实事，大大提高工作效率。今后，机关要帮助基层解决实际问题，为企

业排忧解难，为企业的自主经营、自我积累、自我改造、自我发展和自我端正企业行为，以及为发展企业间自愿互利、平等互助的横向经济联合，创造必要的条件和良好的外部环境。那种办事效率低下，一个企业要办自己应办的一件事，要跑许多部门，要盖几十个图章，才能得到批准，一家不点头，事情就拖着的现象再也不允许发生了。

为了更好地为基层、为企业服务，我们的机关工作人员要努力学习马克思主义的基本理论，学习经济知识和专业知识，深入基层，深入群众，加强调查研究，提高科学决策和处理实际问题的能力，特别要在理论上深入研究社会主义商品经济运动的内在规律，在实践中积极探索发展社会主义商品经济的各种途径，坚决变革一切不符合这种要求的思想观念和规章制度。要改变长期以来形成的社会主义计划经济和商品经济相互对立的传统观念，确立社会主义经济是公有制基础上有计划的商品经济的新观念；改变价格固定、价格一律的传统观念，学会利用价格经济杠杆促进生产发展的新手段，改变只靠指令生产、限制消费、平均分配的传统观念，树立生产管理的市场观念和消费刺激生产的辩证观念，积极引导消费，按需发展生产。总之，要用新的有中国特色的政治经济学武装自己的思想，自觉地依据和运用价值规律，为搞活企业服务，为有计划高效益地发展社会主义经济服务。

我国正处在一个伟大变革的时期，国家工作人员随着管理职能的改变，思想作风要相应转变，但革命本色不能变。特别是在新旧体制转换时期，由于新的体制还没有成熟，尚在不断建立和完善的过程，旧体制又在许多方面失去效力，难免在管理上出现一些这样或那样的漏洞，这就要求我们更加提高觉悟，顾全大局，遵纪守法，有令则行，有禁则止，忠于职守，忘我工作，自觉维护国家利益和社会利益，做廉洁奉公的改革者，全心全意地为人民服务，脚踏实地地为四个现代化建设做出更多的贡献。

1986年4月8日《工人日报》刊登

机构编制要科学化、法制化

机构编制的管理与控制，是国家行政管理的一项重要内容。

国家行政机构的设置，必须与经济发展相适应，并有利于提高行政效能。为了达到这一目的，近几年来，党和国家在改变"机构臃肿重叠、职责不清，许多人员不称职，不负责，工作缺乏精力、知识和效率的状况"方面，做了许多工作。特别是在实现干部的革命化、年轻化、知识化、专业化方面，取得了显著成绩。但是，我们也要看到，由于我国编制法规不健全，机构编制管理还远没有实现科学化和制度化。

多少年来，我国国家机构编制的管理办法，概括起来不外下列"几大法"：加减法，加加减减，减减加加，领导让增就给加，领导让减就去砍。拖延法，拖着不办，能顶多长时间就顶多长时间；多要少给法，要十个给九个，要一百给九十九。唯上法，"领导一个批条，胜过编制部门的一个公章"，谁的官大听谁的。只要是大官的批条，就有求必应，有关部门的审批流于形式。甚至某个人的一句话，就可以建立一套机构。结果造成机构越简越繁，人员越减越多。列宁逝世前，为了精简臃肿的苏维埃机关，曾尖锐地指出："英勇肯干的人可能只有几十个，而游手好闲、怠工或半怠工、钻在公文堆里的人却有几百个，这种对比往往使我们生气勃勃的事业断送在文牍的汪洋大海里。"(《列宁全集》第 33 卷第 356 页) 列宁指出的现象，在我们的现实生活中也是存在的。有的部门和单位，目前实际上已经存在着"三多一少"的现象：机构越来越多，冗官越来越多，人员越来越多，办实事的人越来越少。有的地区用"你有政策，我有对策"的办法应付精简，"精简行政改事业，精简事业改公司"。群众把这种精简叫作"翻牌子""变戏法"，用表面上的精简，掩盖事实上的臃肿。还有的单位、部门从本位主义出发，在不正之风影响下，错误地理解工资改革的内容和意义，乱增机构，乱升格，乱提职。有的由原来一个部的一个处，变为八个处，群众称为"八达（大）处"。有一个省的一个部的一个处，共有十九个人，设一个正处长，十八个副处长。一个科有五个人，设一个正科长，四个副科长，群众称之为"五官科"。这样的机构设置、职位安排，工作起来怎么能有效率？这是国家机构编制管理失控的必然结果。如果我们还不下功夫、花气力来研究解决这个问题，上述的现象还会继续发展，政府要提高行政效能，将会成为一句空话；而且还有可能干扰工资制度改革的顺利进行，影响整个经济体制改革的顺利进行。

为了从根本上改变机构和人员编制膨胀——精简——膨胀的恶性循环，真正做到机构设置、人员编制合理、合法、科学化，必须采取有力措施。

首先，机构编制的管理要科学化。行政机关是行政管理的主体。如果行政机关的机构设置不合理、不科学，整个行政活动就不能正常运转，也就没有什么行政效率可言。因此，机构设置的数量多少、规模大小、层次划分、内部结构、人员配备，都应有科学的依据。当前，在机构改革中，要坚持做到科学地定编定员定比例，从系统工程着眼，改变头疼医头、脚疼医脚的工作方法，改变定编不定员的不科学的管理办法。不然，名义上机构编制是有限制的，而实际执行起来，机构编制又是无限制的，有权者仍可以随意增设机构增加人。当然，要搞好这项工作，核心的问题是要制定正确的政策，在充分做好思想工作的基础上，妥善安排编外人员。人员的出路问题，似乎是精简工作的老大难问题。其实，出路是很多的，其中有计划地分期分批地轮训干部，组织干部学科学知识、学科学管理，特别是开办各种类型的行政管理院校培训行政干部，提高他们的管理水平，既是精兵简政的有效办法，又是实现"四化"建设的迫切需要。

其次，合理科学的机构编制的实施，还必须有法律作保证。必须制定一系列的编制法规，使机构编制的管理，从根据领导批示办事，过渡到依法办事。改变只要是领导，谁说了都算的混乱局面。行政机构的设置，机构的级别、职责范围、权限划分，行政人员的配备，行政领导的职位数，都要通过立法的形式加以确定。同时，编制法规制定后，就要严格执行。任何人、任何领导机关，都要依法办事。一切违反编制法规建立的机构、增加的编制，都是非法的；对任意扩大机构编制、滥提级、滥提职的现象，要依法给予处罚，绝不能老是下不为例，使违法者实际上得到好处。这样，我国的机构编制管理才不致失控，从而使国家行政机构编制精简，从而提高效能，走上"改进组织，消灭拖拉作风、官僚主义和减少非生产开支"（《列宁全集》第33卷第402页）的良性循环的道路。

作于 2012 年

加强机关建设　提高行政效率

加强国家行政机关的自身建设，提高行政效率，是改进机关作风的一项重要内容，也是行政管理科学研究的中心课题。

国家行政机关的自身建设，包括许多方面的内容，诸如科学地设置机构，合理地配备人员，提高管理干部素质，选好善于管理的领导班子，以及改进管理方法、管理技术和逐步实现办公手段现代化，等等，其最终目的，都是为了有利于和服务于提高行政效率。

什么是行政效率？效率这个概念，原来是指机械工程中投入与产出，即支出与收入、消耗与获得之间的比率。所谓效率高，也就是以最少的劳力、费用获得最大的收获、效果。后来，人们把效率的概念引用到行政管理方面，称为行政效率。行政效率是许多因素的综合，不能简单地用数量加减相比较，必须依据价值观念，用行政管理的综合社会效益来衡量。有效益的劳动有价值、有效率，无效益的劳动无价值、无效串。离开社会效益讲效率，数量再多，速度再快，也是没有实际意义的，甚至还会造成不良的或破坏性的后果。所以，效率的综合内容应该是功效与价值的统一，数量与质量的统一。行政效率就是在完成既定目标的基础上，投入的劳动量与获得的劳动效果的比率，即在保证质量的前提下，获得最高的数量。我们通常在习惯上所说的行政效率，也就是国家行政机关的工作效率，指政府机构运转正常协调，指挥灵活有效，办事迅速，准确无误，保质保量地完成既定的目标和任务。列宁在讲到苏维埃政权如何工作时曾经指出："社会主义是大机器工业的产物，如果正在实现社会主义的劳动群众不能使自己的机关像大机器工业所应该工作的那样进行工作"，"如果没有统一的意志把全体劳动者团结成一个像钟表一样准确地工作的经济机关……那么也就谈不上实现什么社会主义了"。（《列宁全集》第27卷第194页）因此，我们讲国家机关的行政效率，至少包括以下几方面的内容：

一是要讲时效。恩格斯在《暴力在历史中的作用》一文中说，"在今天，时间即金钱"。俗话说，"一寸光阴一寸金，寸金难买寸光阴"。时间出效率，是否善于利用时间，已成为衡量一个行政管理人员的聪明才智和工作效率的重要标志。有效的管理者，应该是善于充分利用时间的管理者。"惜时如命，用时如金"，应该成为我们社会主义国家工作人员提高工作效率的座右铭。

二是要讲准确。列宁讲要像钟表一样的准确。即呈办事情、履行公务、决策施政、处理信息固然要快，但更不要出差错。如果在行政工作中尽出差错，往往事倍功半，就谈不上有效率。

三是要讲质量。质量不仅是指实实在在，坚固结实、经久耐用的意思，而且是指工作成果对社会有益，即多做有效劳动，减少和不做无效劳动。不顾质量，就会导致无效劳动，必然和提高行政效率背道而驰。

四是采取最佳抉择。行政行为经常是在既定目标、现有条件下，从多种方案、多种办法、多种途径中作选择。效率就是在"既定情势下的最佳抉择"。

五是要求行政管理"机器"运转正常。机器正常运转，才有效率。这就要做到有令必行，有禁必止。"文化大革命"期间，我们的行政管理机构有的瘫痪，有的失控失灵，乱了套，当然也就没有行政效率。

最后，在我们社会主义国家，行政效率要讲目的和手段的统一。要有正确的目的和正确的手段，两者缺一不可。如果一个机关为了达到目的，不择手段，比如目前有的行政性公司为了赚钱，不顾机关信誉，不顾职工身心健康，不顾国家利益和社会公共利益，甚至不讲职业道德，滥用行政手段，违反政纪国法，也就没有什么行政效率可言了。

目前，我国行政机关的行政效率还比较低，阻碍提高行政效率的诸多因素依然存在，这与经济体制改革和社会主义现代化建设的要求很不适应，改变这种状况，提高行政效率，越来越成为一项迫切的任务。

如何提高我们国家的行政效率呢？提高行政效率，首先要从克服国家行政机关存在的官僚主义、精神不振、敷衍塞责、不求进取、相互推诿、得过且过等不良现象，加强广大干部的责任心、事业心做起；同时也需要从关系到国家行政机关自身管理活动的若干环节中，即从组成行政管理体系的几个方面去探索研究，解决一系列实际问题，提高行政效率才不至于成为空谈。

一、要把机构改革坚持下去。不精简机构，提高行政效率就没有组织保证。列宁在苏维埃政权建设的过程中，特别注意精简机构。他在全俄苏维埃工作人员工会第五次代表大会上提出："现在，在最近的几年内，最重要的迫切任务就是通过缩减苏维埃机关，改进组织，消灭拖拉作风、官僚主义和减少非生产开支，来不断地精简苏维埃机关和减少其开支。"（《列宁全集》第 33 卷第 402 页）列宁的这些思想，对于指导我们当前的机构改革，仍然具有现实意义。近几年来，特别是 1982 年机构改革以来，党和国家为了改变机构臃肿重叠、职责不清状况做了许多工作，特别是在实现干部"四化"方面取得显著成绩。但是，随着整个经济体制改革的深入发展，对机构改革又提出了新的要求，需要进一步在正确理论的指导下，明确机构的职能，制定出与我国发展社会主义有计划的商品经济相适应的机构改革方案，并认真实施，才能消除国家行政机关中长期存在的机构臃肿、人浮于事、层次繁多、职责不明、互相扯皮等情况，从而提高行政效率。

二、必须提高行政管理人员的素质。在行政管理体系中，管理人员的素质如何，直接影响着行政效率。在一定意义上说，行政效率高不高，关键是看行政管理人员素质高不高。行政管理不是简单的体力劳动，而是比较复杂的脑力劳动，涉及许多科学。要提高行政效率，就要求行政管理人员必须具有丰富的知识和较高的文化水平。目前，我国行政管理人员的素质总的来看还是好的，但有许多不足，特别是缺乏现代科学管理知识和素养，是一个突出的问题，急需通过学习提高来解决。我们应该下决心开办各级各类行政管理院校，有计划地轮训行政管理干部。这不仅是精简机构、精兵简政的一条有效出路，也是提高行政效率的一条重要途径。

三、要奖惩分明。为了提高行政效率，必须对行政管理人员实行严格的考核和监督。在行政管理工作中，要是非分明，纪律严明，赏罚公正。经过考核和监督，使有功者能够得到奖励，无功者不能得奖，贤者居上，不肖者居下；无能者辞退，违法者查办。这样，才能充分调动广大管理人员的积极性和创造性，不断提高行政效率。

四、要建立能够高效率工作的行政领导班子。现在，我们按照"四化"要求建设各级行政机关的领导班子，其目的除了要完成新老交替任务外，更重要的是为了提高领导班子的行政效率。衡量一个班子强不强，既要看年龄结构、文化知识结构，更要看是否提高了工作效率。而机关能否提高行政效率，领导是关键。

五、要积极创造条件，逐步实现管理技术和办公手段现代化。把现代化的工具运用到机关行政管理，对于提高行政效率，确实是"立竿见影"的。现在最普通的复印机，就比一份份抄写、打印方便得多，用传真电传就比一个个打电话快得多，提高效率往往是几十倍，甚至上百倍。实现这方面的现代化，是我们建立科学的现代化的行政管理体系的一个重要内容，也是我们为提高行政效率必须努力奋斗的方向。

1986年2月15日《人民日报》刊登

精兵简政转变职能

党的十四大正式提出实行精兵简政、机构改革的任务。江泽民同志在党的十四大报告中指出：机构改革，精兵简政，是政治体制改革的紧迫任务，也是深化经济体制改革、建立社会主义市场经济体制和加快现代化建设的重要条件。

一、机构改革，精兵简政，提高效率，势在必行

近几年来，我们虽然进行了中央政府机构改革和地方县级机构的试点改革，但因种种原因，尽管机构有变动，牌子有所改变，但国家行政人员编制不但没有减少，反而仍在增加。有些地方的党政机构编制，已超过 1982 年机构改革前的水平，出现了新中国成立以来机构编制精减之后的又一次膨胀。事实确实如此。现在我国的党政机构越设越多，编制屡屡超限，"人头费"居高不下。机关膨胀，冗员充塞，行政开支增加，财政负担沉重，既严重影响经济发展，也容易滋生贪污受贿、奢侈之风等腐败现象。据统计，全国省级党政机关的厅局级机构多达 2100 多个，平均每个省（自治区、直辖市）设置 70 多个，超过中央编制部门规定的机构限额 15 个左右；全国地区一级党政常设机构平均设置 50 多个，地级市 65 个，县一级 45 个，分别超限 20 个、15 个、10 个左右。全国县级以上的党政机关常设机构，超限总数高达 3 万多个，而"吃皇粮"的事业单位也已达 170 多万个。要求设立机构、增加人员的初衷，是自以为"人多好办事"。其实人多并不见得好办事，有时反而难办事、不办事，甚至还可能办坏事。常常是人浮于事，甚至玩弄手中掌握的权术，办事推诿刁难，行政效率反而低下。同一些发达国家比较，应当承认我们的办事效率不如人家快，这里虽有一个办公设备现代化水平的差距问题，人家高，我们低；但是也与我们人多难办事、互相扯皮、只讲人情、不顾效率，甚至以权谋私有关。这种由于机关庞大、冗员充塞，既浪费财力人力，又产生官僚主义的弊病，如任其存在和发展下去，不仅行政效率日益低下，而且会使权力变质。因此，党的十四大正式提出：各级党委和政府必须统一认识，按照政企分开和精简、统一、效能的原则，下决心对现行行政管理体制

211

和党政机构进行改革。这一决定是非常必要，非常正确的。

二、机构改革、精兵简政的关键是转变行政管理部门职能

转变职能，从一定意义上来讲，是一种权力的适当转移和合理调整，从当前的实际和要求出发，突出需要解决的是把过分集中的权力该放的放下去；把企业应有的经营自主权，真正还给企业。

是否有利于发展社会主义的生产力，是否有利于增强社会主义国家的综合国力，是否有利于提高人民的生活水平，是检验任何一项改革是否成功的标准，也是判断行政管理部门职能转变是否有效的标准。在经济体制改革和发展社会主义市场经济的推动下，要求政府机构职能必须转变，这种转变是实实在在的转变，而不是做表面文章，摆花架子，玩新花样，光喊口号，名转实不转。

在现行的行政管理体制下，政企职责尚未分开，有些政府机构管了一些不该管、管不了、管不好的事情，而企业至今仍然感到"婆婆多"、干预多、伸向企业的手太多。政府机构的职能要面向市场，适应市场，改变对企业的管理办法，真正体现领导即服务的宗旨，否则，也会阻碍生产力发展。实践证明，政府对企业大包大揽，管得越多，企业就越死，越没效益。只有真正按照《企业法》和《企业转换经营机制条例》规定去办，企业的经营活动才能遵循市场供求关系的变化，依靠政策，自主决策，自我调整。企业愈灵活，在市场竞争中愈能得到发展。为此，就迫切需要政府精简机构，简化审批手续，提高行政效率。首先要把明确给企业的权力放给企业，不要舍不得放或明放暗不放。在大力发展社会主义生产力、发展社会主义市场经济的条件下，要下决心通过改革，改变企业围着行政管理部门转的老观念、老办法，政府行政管理部门要把直接管理的重心由企业转为市场，在建立、规范、培育和服务市场上下功夫，如加强市场建设的投入，抓好管理人员培训，健全管理市场的法规，维护市场的正常秩序，保护市场的公平竞争，充分发挥政府在建立和完善社会主义市场体系中的组织和推动作用，做好宏观管理，放活微观管理，加强产业政策导向的调控能力。这样，政府行政管理不必要的机构就可以精减，无事干的人就可以减少，劳民伤财的会议和互相扯皮、打架的文件就可压缩，上下关系、政企关系就可理顺，从而使政府在促进企业转换经营机制的过程中，切实让国有企业特别是大中型企业放开手脚，大胆进入市场，参与竞争。

当然，转变政府职能，不等于不要行政管理，或削弱必要的管理，而是转变

管理的内容和方法，即由以往的着重微观管理，转变到加强宏观管理；由过去的从事经营性管理，转变到掌握方针、政策的法制管理。

在精兵简政中实现人员分流，是一项细微的思想工作和组织工作。人员分流并不意味着放任自流。精兵简政，人员分流，必然要一部分人留在机关，一部分人流出机关。是留，是流，都须顾全大局，妥善安排。从而既保持机关必要的基本队伍的稳定，又使离开机关的人员各得其所，施展才能。留者恪尽职守，流者开拓兴业，都能更好地发挥作用。这样，才能真正实现精兵简政、职能转变、提高效率。

作于 1999 年

民主建设必须着眼于调动基层和群众的积极性

在我国进行政治体制改革，建立社会主义民主政治，同进行经济体制改革、发展社会主义商品经济一样，都没有现成的模式可循。世界上在这方面的先进科学的经验，我们可以学习、借鉴和吸收，但是照搬照抄的做法则是有害无益，行不通的。我们改革政治体制、建设社会主义民主政治的出发点，也不能从理想的模式出发，去套一个什么公式，或从西方的世界出发，去追求什么热热闹闹的所谓民主政治。唯一正确的途径，是从中国的实际出发，走自己的路，建立一个有中国特色的社会主义政治体制，建设有中国特色的社会主义民主。比如，直接选举问题，似乎被人们看成是最能体现民意的"真正民主"，但是从中国的实际情况出发，根据现有物质和文化条件，以及公民的民主意识，我们如今能直接选举出国家主席、政府总理吗？能直接选举出各省省长和政府部长吗？恐怕费九牛二虎之力连个县长也很难选出。按照现在的政治和文化水平，只能直接选举个车间主任或厂长。而且真正体现民意也不很容易。所以，当前，我们需要发扬民主是毫无疑义的，但必须考虑如何更多更好地发扬基层民主，调动基层单位和人民的积极性，更为实际、更为可行些。

社会主义民主是工人、农民、知识分子和其他劳动者共同享有的民主，是历史上最广泛的人民民主，是为绝大多数人和社会主义制度服务的。十一届三中全会以来，我们在贯彻执行改革、开放、搞活方针的同时，在社会主义民主建设上也有很大进展。各级人民代表大会进一步健全和发挥着重要作用；通过人民代表发扬正常的人民民主日益走向制度化；党和国家同各民主党派、人民团体民主议政、协商办事更加经常和有效；领导和群众、政府和人民之间各种渠道的协商对话积极开展；基层民主出现从未有过的活跃。在民主方面，由于我们正处于社会主义初级阶段，尽管有这样那样的缺陷，还有不完善和不畅通的地方，但是终于打破了"阶级斗争年年讲、月月讲、天天讲"，人们"心有余悸"的紧张、沉闷和万马齐暗的局面，开创了人民群众思想解放、自由讨论、畅所欲言、心情舒畅的新局面，社会政治生活日趋民主化。这是我国人民在政治生活中少有的一大进步，也是有效地发展社会主义民主的一个结果。随着政治体制改革的展开，我国的社会主义民主会进一步发展，我国的人民代表大会制度会更加完善，使其真正代表民意，得到人民群众特别是基层群众的信赖，我国的选举制度的民主性将得到更好的体现，更充分地尊重选举人的意志，保证选举人有选择的余地；我国的基层民主生活会更加活跃。

社会主义民主需要社会主义法制来保障。发扬基层民主，调动群众的积极性，既要增强群众的公民意识，又要依法保护广大人民群众的民主权利不受侵犯，使基层民主能够正常有秩序地得到发展，使我国的社会主义民主政治一步一步地走向制度化、法律化。

一、国家机构的设置要有法制

改革机构，精兵简政，实质上是党和政府领导体制的改革，当然也是政治体制改革的重要内容。列宁在苏维埃政权建设中特别注意精减臃肿的机构，他在全俄苏维埃工作人员工会第五次代表大会上提出："现在，在最近的几年，最重要的迫切任务就是通过缩减苏维埃机关，改进组织，消灭拖拉作风、官僚主义和减少非生产开支，来不断地精简苏维埃机关和减少其开支（《列宁全集》第33卷第402页）新中国成立以来，也很重视精简机构，我国政府机构特别是经济部门曾根据任务和需要进行过多次精简，比较大的机构改革经历了四次。但是由于没有从转变政府管理职能入手，也没有从立法上给予保证，结果成效低，反复多。1982年的机构改革，在实现领导班子革命化、年轻化、知识化、专业化方面取得一定成绩，然而因为没有制定必要的法律、法规，精简成果难于巩固。目前，国家机构编制的管理仍很不完善，既缺乏科学的管理办法，也缺乏法制观念，以权代法、无法可依或有法不依的现象也时有发生。至今国家机构编制主管部门管理机构编制基本上用的仍是"加减法""唯上法"。领导的一个批条，甚过编制部门的一个图章，往往一个人的一句话，就可建立一套机构，使国家机构编制的主管部门不能发挥宏观控制的作用，因而造成了这几年机构越简越繁，人员越减越多，名减实增，"两三个人，一个木头疙瘩（图章），就是一个机构。"重床叠架，体虚内浮，臃肿不堪，相互牵制，抵消力量。有的地区、部门用"你有政策，我有对策"的办法，应付精简。"精简行政改事业，精简事业改公司。"群众把这种精简叫作"翻牌子""变戏法"，用表面上的精简，掩盖事实上的臃肿。凡此种种，都是由于国家机构编制的管理，缺乏法制所引起的不良后果。因此，在政治体制改革中，制定编制法，健全法制是当务之急。使行政机构的设置，机构的级别、职责范围、权限划分，行政人员的配备，行政领导的职数等都通过立法的形式加以确定。编制法制定后就要严格执行，不能因人而异、因事而异，约束和纠正一些领导想增机构就增机构，想增人员就增人员的随意性，改变有法不依、违法不究的不良倾向。只有这样，关系着政治体制改革全局的机构改革，才能实现精兵简政，提高行政效率的要求。

二、行政管理制度要立法

国家行政机关是国家行政管理的主体。政治体制改革，在一定时期、一定范围将表现或落实为行政管理的改革。这里所说的行政管理主要是指国家通过行政机关，对国家政治、经济、科学、文化、教育、卫生等各方面的管理。它既包括国家行政机关的各种社会管理活动，也包括国家行政机关自身建设的行政管理活动，而这些活动又是在一定的政治体制下进行的。在当前我国新旧体制转换，建立社会主义新的经济体制过程中，行政管理必须要跟上改革的步伐，与改革相适应、相配套，特别是随着政府机构管理经济职能的转变，行政管理的制度、手段也将发生变化，由单一的行政管理手段，变为行政手段、经济手段、法律手段相互运用，并且逐步向以经济手段、法律手段为主，辅之以必要的行政手段过渡。同时，许多行政措施和经济调节杠杆的运用，往往又必须通过法律、法规的贯彻执行才能实现。因此，行政管理立法，实现行政管理的法制化，成为政治体制改革重要而迫切的任务。

所谓健全法制，包括加强权力机关立法和行政机关立法。而行政管理的法制建设在当前应该是我国法制建设的重点，这是因为一则我国的行政立法既少又薄弱，极须加强。目前，在国家行政管理中常常出现令不行、禁不止的现象，固然与干部政治素质、组织纪律性和受不正之风影响有关，但是缺乏行政立法，也是一个重要原因。再则随着经济体制改革的深入和政府机构管理职能的转变，越来越需要行政管理机关制定大量的经济法，把更多的经济关系和经济活动的准则，用法律的形式固定下来，使其成为调节经济关系和经济活动的重要手段，成为行政管理的有力武器。现在在国家法制部门正在清理历年来的行政法规，上百个过时的法规，国家已正式宣布废除，同时又在积极制定适应经济体制改革的新的法规。这既加强了法制建设，也为政治体制改革做了具体的准备工作。

三、观念守旧、法制观念淡薄，必须要改变

改革政治体制，是在社会主义条件下再一次解放生产力的革命，邓小平同志称谓"二次革命"，必然要触动旧的东西，也必然会遇到种种阻力。其中最大的阻力之一是人们守旧的思想观念和法制观念的淡薄。历史前进了，体制在改变，可是人们头脑里还有一本老皇历，和体制改革很不适应，改革的本身就是同传统的旧观念、旧思想决裂。这样，伴随着政治体制的改革，必须有一个思想观念的转变。在这个转变中加强民主意识、法制观念尤其重要。

长期以来，我们的政治生活在靠"人治"和凭经验、凭权威、个人说了算的影响下，使人们形成了一种重视领导讲话甚于法律的习惯，对于以言代法、以权压法的现象，不以为非，反以为常。

按照法律的观点，在国家行政管理中，领导者的讲话，从全国来讲，只有由全国人大通过和批准的国务院总理的政府工作报告以及其他报告才具有法律效力，必须照办，可作法令坚决贯彻执行。此外，其他任何个人的讲话，只能是工作参考，不能也不应该看成是政策和工作的依据。因此，在政治体制改革中，要转变以言代法、以权压法的旧观念，树立少按"讲话"办事，多按法律办事的新观念。作为领导者更要加强法制观念，并以身作则，做出表率，形成一种法律一经颁布实施，任何组织、任何个人都必须服从的思想观念和社会风气，使政治体制改革，通过人们观念的转变，从主要按照领导批示办事，过渡到主要依据宪法、法律、法规办事，从而有效地克服领导者身不由己地陷入"文山会海"之中和官僚主义积弊，避免发生因领导人的更替或注意力的转移而影响政策的连续性，建立起高度民主、法制充分、富有效率、促进社会主义经济发展、服务于社会主义现代化建设的新体制，真正实现社会主义国家既有民主又有集中，既有自由又有纪律，既有个人心情舒畅又有统一意志、安定团结、生动活泼的政治局面。

作于 2001 年

日本行政改革的目标：效率、效益和经济

日本的政治体制和我国的政治体制截然不同，但是日本的行政管理同我国的行政管理既有相同之处，也有差别，如政府机构要小、人员要精干，就是共同的要求。因此，研究日本行政改革，对于我国"深化行政体制改革，实现国家机构组织、职能、编制、工作程序的法定化，严格控制机构膨胀，坚决裁减冗员"，会有积极的启示和有益的借鉴。

1998 年 9 月，我率中国行政管理学会访日代表团曾到日本考察日本政府与企业的关系，了解并亲身感受到日本的行政效率很高，工作节奏快，办事讲成本，接待不铺张。回国后，于 12 月我又参加了天津社会科学院举行的增岛俊之所著《日本的行政改革》（中文版）研讨会，听了日本中央大学综合政策学部教授、日本政府总务厅原事务次官增岛俊之在研讨会上介绍日本准备大刀阔斧地进行行政改革的新动向。

二战后的日本，于 1955 年完全确立了独立自主的行政体制。日本的行政改革从 1964 年开始，20 世纪 80 年代进入了最大规模、涉及各个领域的改革时期。推动日本行政改革的背景：一是随着经济增长速度的减慢而出现的财政困难、财政赤字；二是老龄化社会的迅速到来；三是国际化的进展以及科学技术的飞速发展，要求政府机构更有效率和效益，并且更加经济地运行。

日本行政改革方案由改革审议机关，即临时行政调查会制定，简称"临调行"。改革审议机关被认为是代表了国民各个阶层的机构。"临调行"由学者、有实践经验者及中央机关的专门委员组成。"临调行"一般有 9 位委员，大体可分为财界 3 人，劳动界 2 人，新闻界 1 人，官员 2 人。人选需经国会同意，由内阁总理大臣任命。改革方案重视可行性，成熟一个，答辩一个，推行一个，陆续实施。为了推动改革，还设立实施方案的监督机关（临时行政改革推动审议会）和开展新颖活泼的新闻宣传活动。当时的政府即铃木善幸内阁支持改革，并把行政改革定为内阁最重要的政策课题。1982 年 11 月，铃木总理辞职，行政改革的政策完全由中曾根康弘内阁继承。中曾根总理组阁时，要求每一个阁僚候选人都要

全面协助行政改革，并在获得承诺之后才予以任命。

　　日本行政改革的宗旨是改善行政的组织及其运营，努力将政府工作改革得更有效率、更有效益、更为经济，一句话就是实现行政的高效。用日本的习惯说法就是"去冗除繁，消除差错，减少浪费"。1990 年海部总理大臣又进一步提出提高日本行政程序对内对外的透明度、统一法制以确保公正等问题，使国民真正体会到富裕，应该需要一种什么样的行政组织，因而需要重视探索国民生活型的行政，和与国际化相适应的行政。20 世纪 80 年代的日本行政改革主要与高速经济结构相适应；20 世纪 90 年代的行政改革还涉及国有铁路、邮电通讯、烟草专卖等国有大公司的经营机制的改革；跨世纪的日本行政改革决定日本政府以什么样的形象面向 21 世纪。

　　日本的行政改革经过民意测验，得到 99% 的国民的赞成，从国民的观点看来，为了实现政府与国民关系的更加公正、更加透明，行政程序法的立法应作为行政改革来进行。为此，在日本改革中，也修订了诸如《国家行政组织法》《行政程序法》等，以保证改革之进行和巩固改革之成果。在修改国家组织法时，为了防止机构膨胀，该法规定政府组织的骨干机构官房（办公厅）和局总数全国最高限额为 128 个，中央机关的内设组织及其所辖事务和权限，都要根据中央机关设置法来确定。在日本行政改革过程中，从 1981 年秋—1994 年底，国会共通过了有关行政改革的法律 205 部，其中还通过了《行政改革委员会设置法》，该委员会成为推动行政改革的重要机制之一。

　　日本行政改革的方向和主要内容：一是推动国家规制缓和，调解官方和民间的关系问题，对国民的利害影响比较直接，得到希望规制缓和的国民支持。二是推动地方分权，实现公共部门内部权力的合理转移。三是提高透明度，落实《行政程序法》《制定情报公开法》，实现任何国民都有请求公开行政文件的权利，对日本官僚制度将产生重大影响。四是建立和坚持防止行政机构膨胀的机制。日本从 1967 年以来，近 30 年从未增加公务员编制，反而减少了 4 万人，即从 1967 年的 90 万人，减少到 1994 年的 86 万人（日本公务员编制除国家公务员—地方公务员外，还包括特殊法人的职员，并含公共事业单位的职员，如教师等）。在行政组织中凡增加一个新组织就必须废除一个现存的同等组织。五是创造条件，纠正条条行政的弊端。日本政府的工作由内阁所辖的 1 府（总理府—内设总务厅、经济企划厅、环境厅等）、21 省（厅）分管，各府省下设立官房、局，分担各自的工作，官房和局下设课，全国约有 1200 个课（室）。这种结构容易产生条条争权的弊端。克服这种弊端的最实际的改革，应是大规模地、有计划地、有系统地推动中央机关、驻外机关、地方政府之间干部职员的交流，从而有利于消除行政部门的条条利益观念。六是有计划地推进行政信息化。这是行政改革的一个重要内容，也是直接提高服务质量和效率的一个重要问题。在计算机及通信设备迅速发展的今天，公共部门使用信息化手段，将会大大推动其业务的技术革新，并且会大大改善对国民的行政服务。中央和地方政府实现了信息化，可以全面地改变其组织及运营状况。1994年日本内阁会议已将推进行政信息化确定为行政改革的基本方针。

在世纪之交，日本国民希望建立小政府的呼声甚高。日本内阁总理为适应国民要求政府机构小、效率高、服务好、成本低的期望，于1997年拟定了用5年时间改组中央机构的方案，实现机构减一半，人员减一半的新体制。将现行的1总理府、21省（厅）改组为1内阁府、12省（厅），以新的政府形象迎接21世纪。

作于1998年

市场经济离不开道德规范

党的十五大关于十四届中央委员会报告的决议中强调：在建设社会主义法治国家的同时，必须加强思想道德建设。市场经济不是自由经济，不能放任自流。建立和维护市场经济秩序，保证市场经济正常运转、健康发展，既需要严明的法制，也需要社会的道德规范。

我国社会主义市场经济体制的确立，促进了经济的发展和人们思想观念的转变。但是，市场经济发育尚不完善，市场秩序还不尽如人意。在市场经济活动中，不讲信用，履约意识差；制售假冒伪劣商品屡禁不止，欺骗消费者随处可见；合同管理不严格，有的甚至利用合同进行诈骗等等不良现象，既影响着市场经济的健康发展，也损害着人民和国家的利益。这种种不良现象的产生，固然有诸多原因，但其中最主要的有两条：一是市场经济是法制经济，而我们现阶段还尚未形成法制经济，有关市场经济的立法还有不少空白，使人有空子可钻；二是道德的潜在力量被忽视，没有充分发挥道德对维护市场的规范作用。

社会道德历来是和经济活动、经济关系联系在一起的，而且对经济发展发生特殊的作用。道德舆论的力量可以潜移默化地影响和纠正人们竞争的不规范行为，也有助于形成良好的社会风气。

要提倡将"善意"引入市场经济机制。一切健康的经济活动，当然都是为了盈利，但其根本宗旨应当是"与人为善"，即通常被称为为民谋利，造福社会。在市场经济条件下，竞争是无情的，"商场就是战场"，优胜劣汰，不可抗拒。但竞争无情，激烈残酷，不能无义；商场无常，变化多端，不能无德。在每一个文明国家，实际上亦是市场需要道德，道德也塑造着市场，逐步达到令人满意的佳境。最近访日，考察日本"国有企业改革""政府与企业的关系"。一位日本教授论述了传统道德规范在建立和维护市场经济秩序中的重要作用，介绍日本社会将"善意"作为一种重要的道德规范引入市场机制和企业经营当中。从善意出发，才能产生出受人欢迎的产品；周到服务，才能使人满意，才能增强竞争力。经营中自觉地敬业、诚信、守法，保持善良、团队精神，成为人们的自律要求，从而形成日本独特的良好的市场经济秩序。在资本主义国家成熟的市场经济都需要道德规范，在我们社会主义初级阶段的市场经济更需要讲道德。经济发展的实践证明，当市场经济驶入法制轨道的同时，必须要有道德规范相辅助。

要规范市场经济主体企业的道德行为。企业是市场经济的法人实体和竞争主体。企业能够自主经营、自负盈亏、增强竞争力，靠诸多因素。其中很重要的一个因素，是靠良好的信誉、高尚的商德，真正弄懂"利润诚可贵，商德价更高"。为富不仁，损人利己，坑蒙拐骗，不讲或违背道德准则，即使一时侥幸获利，但终究会真相大白，败下阵来，甚至受到无情的惩罚。相反，尊重道德准则，经营活动与人为善，"己所不欲，勿施于人"，守信用，讲质量，服务群众，奉献社会，倒会增强竞争力，最终一定会取胜，利人也利己。古罗马哲学家塞涅卡在其《塞涅卡道德书简》中说："做好事，不仅对他人有好处，对自己也有很大好处。"总之，市场经济竞争中，不论手段如何多种多样，想法如何变化多端，都应在法制和商业道德下，公正、公平、公开地进行。

要营造良好的道德氛围。道德是个人行为，建设良好的社会道德环境，人人有责，人人受益。同时，也会促进市场经济走向文明、繁荣。在我们加强社会主义精神文明建设的过程中，各方面特别是政府有关部门要重视发展市场经济的道德建设。在进行道德教育的同时，建立必要的道德准则，如诚信条例、商德守则，重合同、履承诺等，让全社会营造"所守者道义，所行者忠信，所惜者名节"的氛围。对各种破坏和扰乱市场经济秩序的不道德行为，既要严厉处罚，也要舆论谴责，造成"老鼠过街，人人喊打、人人都打"的局面。特别要消除腐败现象、地方保护主义、破坏公平竞争的垄断特权等对社会道德的腐蚀。这样，我国的社会主义市场经济体制在形成之时，就能够建立在一个良好的社会思想道德和严明的法律、法规的基础之上。

作于 1998 年

我国改革的理论指导

社会主义初级阶段的理论，是我们之所以采取现在这样的路线、方针和政策而不采取别的路线、方针、政策的依据，也是我们进行经济体制和政治体制以及科技、教育等体制改革的依据。社会主义初级阶段的"不完善"，需要通过改革来完善；社会主义初级阶段的"不发达"，需要通过改革来改变。这就是说，改革是社会主义初级阶段向四个现代化发展的必由之路。即要靠改革推动初级阶段的社会主义向高级阶段的社会主义发展。社会主义初级阶段的理论，首先明确了我国的社会是社会主义社会，这就要求改革必须坚持而不能离开社会主义，改革只能是社会主义制度的自我完善、自我发展，而不是要改变社会主义制度的性质。社会主义初级阶段的理论，既给改革提出了历史任务，又为改革指明了正确方向。

一、社会主义初级阶段要求我们必须以公有制为主体，大力发展有计划的商品经济。商品经济的充分发展是社会经济发展不可逾越的阶段，是实现生产社会化、现代化必不可少的基本条件。没有经过商品经济充分发展的社会，必然是贫穷的社会。中国搞社会主义，要摆脱贫困，就必须大力发展社会主义商品经济。商品经济是社会生产力发展的产物，它把经济个体联结成相互依赖的整体，把广阔空间范围内的生产和流通组成一个跨越地区甚至跨越国界的生产体系和经济网络，极大地扩大和深化了社会分工和生产专业化程度，从而成为科学技术飞跃发展和广泛应用的巨大动力，成为劳动生产率迅速提高的强大杠杆。而提高劳动生产率，并创造出比资本主义还要高的劳动生产率，正是社会主义的本质要求。实践将会证明，社会主义制度与商品经济相结合，定会创造出更强大的生产力。

二、坚持在公有制为主体的前提下发展多种所有制经济，是现阶段中国社会主义经济的重要特色。在所有制和分配制度上，社会主义社会并不要求纯而又纯、绝对平均；在初级阶段，尤其要在以公有制为主体的前提下发展多种经济成分，在以按劳分配为主体的前提下实行多种分配原则。这是有利于社会主义发展的。社会主义经济制度的根本特征，概括起来有两条：一是实行生产资料公有制，二是实行按劳分配的原则。我们在改革中所实行的政策，总的方向是千方百计发挥全民所有制经济的作用和更好地贯彻按劳分配原则。这就从根本上保持了改革的社会主义性质，也同资本主义划清了界限。在坚持发展全民所有制经济之外，我们还允许和鼓励发展其他经济成分。目前全民所有制以外的其他经济成分，不是发展得太多了，而是还很不够。对于城乡合作经济、个体经济和私人经济，都要继续鼓励它们发展。我们还要进一步改善投资环境，保护国外投资者的合法权益，允许和鼓励中外合资企业、合作经营企业和外商独资企业的发展。但是，发展这些经济成分，在我国整个国民经济中所占的比重只是很少的一部分，并且它们必然同占优势的公有制经济相联系，受公有制经济的巨大影响，不会改变我国社会主义经济的性质，而是我国社会主义经济的必要的和有益的补充。

当然，在全民所有制经济以外的其他经济成分中有不属于社会主义性质的经济，例如个体经济和私人经济。但是它们一定程度的发展，有利于促进生产，活跃市场、扩大就业，更好地满足人民的多方面生活需要。毋庸讳言，它们的发展也有盲目性、无计划性，稍有不慎，就会引起紊乱。但这是可以通过严格的科学管理加以解决的。在我国社会主义条件下，只要我们不断地加强法制建设，及时制定有关政策，加强对它们的引导、监督和管理，是能够限制它们的消极作用，发挥其积极作用的。

在分配上，我们以按劳分配为主体，采取多种分配形式，允许一部分地区、一部分人先富起来，以便更好地调动生产者和经营者的积极性。同时，从政策和税收等方面采取措施，防止两极分化，对过高的个人收入，采取调节措施；对合法的收入进行保护，对以非法手段牟取暴利的坚决依法严厉制裁，争取在促进效率提高的前提下体现社会公平。实践证明，这些都是符合初级阶段的实际情况的。

三、实行所有权和经营权分离原则。搞活全民所有制企业，并没有改变全民所有制经济的社会主义性质。因为，"两权分离"政策改变的只是经营管理中不适应生产力发展的部分；全民所有制企业不可能由全体人民经营，也不应该由国家直接经营，硬要这样做，只能抵制企业的生机和活力。实行所有权与经营权分离，把经营权真正交给企业，理顺企业所有者、经营者和生产者的关系，使企业真正做到自主经营、自负盈亏，是建立有计划的商品经济体制的内在要求。这决不会改变企业的全民所有制性质，只会使企业更加生气蓬勃，使公有制经济的优越性得到充分发挥。

总之，社会主义初级阶段的理论决定我们必须要改革、开放，也决定改革、开放的根本性质是属于社会主义的。改革，就其引起社会变革的广度和深度来说，是又一次革命。

党的十二届三中全会通过的《中共中央关于经济体制改革的决定》明确指出，社会主义经济是公有制基础上的有计划的商品经济。这是我们党对社会主义经济做出的科学概括，是对马克思主义理论的重大发展，是我国经济体制改革的又一指导理论。

首先，我国经济体制改革的目标，就是要坚决打破产品经济的旧的僵化模式，建立起适应在公有制基础上有计划发展社会主义商品经济要求的新模式。《中共中央关于制定国民经济和社会发展第七个五年计划的建议》指出，建立新型的社会主义经济体制，主要是抓好互相联系的三个方面：第一，进一步增强企业特别是大中型企业的活力，使它们真正成为相对独立的、自主经营、自负盈亏的社会主义商品生产者和经营者；第二，进一步发展社会主义的有计划的商品市场，逐步完善市场体系；第三，国家对企业的管理逐步由直接控制为主转向间接控制为主，主要运用经济手段和法律手段，并采取必要的行政手段，来控制和调节经济运行。同时要围绕这三个方面，配套地搞好计划体制、价格体制、财政体制、金融体制、外贸体制和工资制度等方面的改革，以形成一套把计划和市场、微观搞活和宏观控制有机地结合起来的机制和手段。所有这一切方面的改革，其宗旨集中到一点，就是为了促进社会主义商品经济更好地发展。

充分发展社会主义商品经济，利用和发挥市场机制的作用，尊重价值规律的作用是十分重要和必要的。所谓发展社会主义商品经济，就其实质而言就是发展市场体系，运用市场机制，依据价值规律，推动生产力发展。基于这一事实，应明确，社会主义有计划商品经济的体制，应该是计划与市场内在统一的体制。这是在社会主义经济理论上，继确立社会主义经济是在公有制基础上有计划的商品经济的理论和从搞活企业，建立社会主义统一市场，国家政府机构对企业实行宏观控制、间接管理三方面建立社会主义经济新型体制基本框架之后，又一次新突破。长期以来，我们受传统的经济理论的束缚，把计划和市场对立起来，认为在社会主义经济中这两者是互不相容的。其实，实行计划调节和市场调节的结合，是适应现代化生产力的发展和要求所出现的调节经济运行的形式和手段。不能说计划调节是社会主义的，市场调节是资本主义的。列宁在《论所谓市场问题》一文中说："哪里有社会分工，哪里就有市场。"市场调节，资本主义发展商品经济可以利用，社会主义发展商品经济也可以利用。社会主义商品经济离不开市场的发育和完善，利用市场调节不等于搞资本主义。实际上，计划与市场是相辅相成的，二者互相渗透、紧密结合在一起；国家计划指导市场交易，市场机制保证国家计划实施。社会化的大生产，若不有计划按比例地进行，是会破坏生产力的；但是如果脱离市场，违背了价值规律，同样也会损害生产力的发展。人为地把商品经济划出一块由市场调节，一块由计划调节，实践证明是行不通的。只有把计划工作建立在价值规律的基础上，国家运用经济手段和法律手段以及必要的行政手段调节市场供求关系，才能繁荣商品经济，促进生产力发展。

其次，社会主义商品经济同资本主义商品经济的本质区别，就在于所有制基础不同。在社会主义条件下，为了充分发展商品经济，世界上通用的发展商品经济的办法在中国大体上也都可以采用。我们要把借鉴资本主义社会搞商品经济、组织社会化大生产的具体形式和方法，同搞资本主义区别开来。应当看到，商品经济中的一些要素和办法，是人类的共同财富，有的早在奴隶社会、封建社会就存在，并不是资本主义社会所特有的，只不过是在资本主义社会更加发达了而已。例如，在商品经济中出现的货币及其派生形式的期票、债券、股票、外汇，利润及其派生形式利息、股息、租金等等，都是商品经济运行过程中所采取的形式，都是服务于生产要素不断流动和重新组合，都是以达到搞活经济、少投入、多产出、提高综合经济效益为目的的。这些中性的东西，都应根据我国的实际情况，通过改革、创新，加以运用，为发展社会主义商品经济服务。

再次，发展商品经济要求我们树立商品经济的观念。在旧的经济体制下，由于主要是搞产品经济，忽视和排斥商品经济，在人们的思想中商品经济观念非常淡薄，甚至把商品经济和资本主义等同起来或混为一谈，加以反对。党的十一届三中全会以后，我们突破了社会主义只能发展产品经济的传统观念，在改革的实践中，确立了社会主义经济是以公有制为基础的有计划的商品经济的理论，而且这一理论已为越来越多的人所接受。与商品经济相联系相适应的价值观念、竞争观念、市场观念等，同过去相比大大加强了。而这些新观念的树立、增强和深入人脑，反过来又促进了改革、开放，促进了社会主义商品经济的发展。

作于 1986 年

最怕 11 点来检查

对各项工作，进行适时适当的检查监督，会促进工作的改进和提高，是非常必要的。在检查监督活动中，检查者经常是拥有罚没权力的执法部门，被检查者多数是无权无靠的各种基层经营单位。而检查执法人员从奉公守法的表现来看大致有两类：秉公执法、廉洁奉公，确实能帮助基层排忧解难，在群众中树立公仆形象，口碑好的屡见不鲜，并且随着反腐倡廉的深入有效开展，人数也应该会越来越多；假公济私，乘检查之机，贪吃贪喝，又要又拿，令群众感到头痛厌烦、深恶痛绝的也不乏其人，其危害性不可低估。

上午一个电话，打到被检查单位，约定 11 点去看看，这是"检查官"经常到下面的时程表，而被检查的基层特别是经营实体，最害怕检查官员 11 点钟来。不言而喻，11 点来检查，纯属走过场。客官来了，说几句客套话，转上一圈，就到了吃午饭的时间。谁都明白，招待好了，"一切自好"，什么都合格，事情就好办，即使真有问题，真有差错，也一抹油嘴，说没有了；招待不好，就会这也不行，那也不是，罚个没完没了。通常基层企事业单位面对的检查执法部门不是几个而是十几个，得罪了谁都有苦难言，有理难辩，有冤难申。只好忍痛割肉，装出笑脸，陪吃陪喝，热情招待。人走后，又叫苦不迭，胆大的还会在背后骂上几句。但毕竟不敢抵制，怕再带来麻烦，就忍气吞声违心地任其不正之风继续存在和发展。

11 点钟来检查的不良执法人员，喜欢请吃请喝，还喜欢馈赠礼品，接待单位明白了其意愿，至少走时一人要送一条大中华、万宝路、红塔山、三五、玉溪等名牌烟。过去有一种说法，"买茅台酒的不喝茅台酒，喝茅台酒的不买茅台酒"；"抽名牌烟的不买名牌烟，买名牌烟的不抽名牌烟"。现在又出现了一种现象，不抽烟的也愿意要好烟。据说好烟值钱，到街上拍卖就可兑换成现钱，怪不得在大街小巷到处可以看到"收购名牌烟"的摊贩，为那些接受香烟又不抽烟的人提供了销路。在这里如果算一笔细账，"烟兑换成钱"，收入还相当可观。某一个执法部门的执法人员，属他联系检查的单位四五十个，若每天去一个，每月轮一遍，一个月起码就可以收到三五十条烟，兑换成钱至少会得到三五千元，比本人的工资要多出不少。

请客吃饭，送烟送酒，似乎是礼尚往来、正常应酬，不能算是行贿受贿。所以吃喝者、收礼者可以心安理得，自由自在，每天潇洒一会儿，终日逍遥法外。其实这种 11 点来检查，意在吃拿，不在检查，是名副其实的吃贿、喝贿、拿贿，同样是一种败坏党风政纪的腐败行为。有关部门特别是领导干部应当确实下功夫惩治和根除这种扰民的又吃又喝又拿的虚假检查。治贪确实难，但治这种明目张胆的浮在面上的贪并不太难，有关部门具体规定一下，上午 11 点以后不去下面检查，或者错过吃饭时间去检查，没有这个吃喝拿的条件和机会，也就没有此种吃喝拿的腐败现象了。

元旦过后是春节，年末岁首，按照惯例，各种各样的检查，有可能会向基层单位纷至沓来。对于秉公执法、履行公务的检查，理应做好准备，热诚欢迎，以利工作。对于那种又吃又喝又拿的扰民检查，要敢于抵制和揭发，以利于及时纠正不正之风。"贪利者害己，纵欲者戕生""贪于近者则贵远，溺于利者则伤名"。贪吃贪喝贪拿的不良检查者也应自控、自律，自觉改正其不良行为。不然，日久天长，终会损害自己的身心健康。

作于 2010 年

后 记

在《树帜文集》由国务院研究室主管主办的中国言实出版社正式出版发行后，我萌生了编写《树帜文集续》的想法和计划。

《树帜文集续》依然以中国特色社会主义理论为指导，认真贯彻执行党和政府的方针政策，遵循和坚持实事求是的原则，深入群众，深入实际，调查研究，获取和掌握第一手资料。《树帜文集续》的主要内容包括在报刊发表的文章，各种会议场合的发言讲话，调研报告，以及在调研报告基础上形成的国务院研究室《送阅件》《决策参考》等。

在编写《树帜文集续》的过程中，我得到了全国政策科学研究会副秘书长林正澄、李珊同志和中国行政管理学会工作人员曹胜同志的大力帮助。

《树帜文集续》的成书，仍然交中国言实出版社进行相关出版发行工作。在此期间，我得到了中国言实出版社的领导同志和工作人员细心周到的指导和帮助，使《树帜文集续》如期出版发行，敬请读者不吝赐教。

在此，向帮助和支持我写书的领导和同志们表示衷心感谢。尤其值得感谢的还有爱心万里基金会副理事长奚景敏、秘书长孟凡晶，为我出书多次给予资助。

顺祝支持我出书的领导和同志们身体健康，工作顺利，万事如意。

武树帜

2016 年 6 月于北京